张艳华◎著

LABOR MARKET AND LABOR EMPLOYMENT

劳动力市场与劳动就业

中国发展出版社
CHINA DEVELOPMENT PRESS

图书在版编目（CIP）数据

劳动力市场与劳动就业/张艳华著.—北京：中国发展出版社，2022.6
ISBN 978-7-5177-1299-2

Ⅰ.①劳… Ⅱ.①张… Ⅲ.①劳动力市场—研究—中国Ⅳ.①F249.212

中国版本图书馆CIP数据核字（2022）第094046号

书　　名：劳动力市场与劳动就业
著作责任者：张艳华
责 任 编 辑：杜　君
出 版 发 行：中国发展出版社
联 系 地 址：北京经济技术开发区荣华中路22号亦城财富中心1号楼8层（100176）
标 准 书 号：ISBN 978-7-5177-1299-2
经　销　者：各地新华书店
印　刷　者：北京市密东印刷有限公司
开　　本：710mm×1000mm　1/16
印　　张：12.5
字　　数：190千字
版　　次：2022年6月第1版
印　　次：2022年6月第1次印刷
定　　价：58.00元

联 系 电 话：（010）68990630　68990692
购 书 热 线：（010）68990682　68990686
网 络 订 购：http://zgfzcbs. tmall. com
网 购 电 话：（010）88333349　68990639
本 社 网 址：http://www.develpress. com
电 子 邮 件：330165361@qq.com

前　言

劳动就业一直是经济社会领域一个重要的研究主题，国家“十三五”规划提出要坚持就业优先的战略，实施更加积极的就业政策，足见国家对就业问题的重视。在市场经济体制国家，劳动就业水平与质量和劳动力市场有密切的关系，十多年来，笔者一直心无旁骛在劳动就业与劳动力市场领域耕耘探索，为认识和了解中国就业与劳动力市场的真正问题，为推动相关领域的研究，发表了一系列学术成果，获得了同行的宝贵建议和认可。

就业是最大的民生，关系到劳动者的收入和保障，事关整个国家社会的安全稳定。中国经历了30年的经济转型，在这个过程中劳动力市场发生了巨大的转变，从“民工潮”到“用工荒”，从单纯的雇佣关系到“雇佣+合作”关系，从收入分配平均化到收入差距扩大化，从追求稳定就业到出现更多灵活就业，其间就业问题一直存在。尤其是从农村转移到城市又难以真正融入城市的农民工，长期处于城市次级劳动力市场，其工资权益、休息休假权益、社会保障权益难以完全实现。当这些问题不断出现并影响到社会经济稳定运行之时，研究这些问题，提出劳动力市场政策调整的思路和方向，是一名从事相关领域研究的学者不可推卸的责任。笔者多年来一直坚持在不断变化的劳动力市场中寻找新的现实问题并寻求解决方案，始终朝着既定的方向探索前行。

本书共收录了9篇论文，每篇作为一章，研究内容涉及劳动力市场制度与决定因素、人力资本与收入差距、农民工就业、技术与劳动就业等问题，描述了这些问题的一般性特征与表现，分析了其背后的原因、影响因素与政策制度逻辑，提出了完善劳动力市场、缩小城乡收入与增长差距、促进农民工稳定就业、保障农民工合法劳动经济权益以及应对技术变革的就业政策等方面的对策建议。

多年研究积累，取得一些小小的成果。这些成绩的背后离不开各方面的帮助和支持。首先，我要感谢其中两篇论文的合作者——中国劳动关系学院原副校长沈琴琴教授。沈琴琴教授不仅对于论文写作给予许多合理化的建议，而且她主持的国家社会科学基金项目“平衡中国劳动力市场灵活性与稳定性的模式研究”（项目编号：10BJY029），为本书中《农民工就业稳定性及其影响因素研究》论文写作提供了一手调研数据方面的经费支持。其次，我要感谢国家社会科学基金项目“人工智能技术对就业的影响和对策研究”（项目编号：20BJY053）和教育部人文社科基金项目“农村人力资本溢出效应与城乡收入差距研究”（项目编号：12YJC790276）为本书论文写作提供的调研及相关研究经费的支持。最后，我要感谢支持、帮助本书出版的所有人员，共同让本书得以最快且高质量地付梓！

目录 Contents

第一篇　劳动力市场制度与决定因素

第二篇　人力资本与收入差距

第三篇　农民工就业

第四篇 技术与劳动就业

第一篇

劳动力市场制度与决定因素

劳动力市场状况是劳动就业水平与就业质量的“晴雨表”。这张“晴雨表”究竟呈何种状态，受众多因素的影响。作为一个由计划经济向市场经济转型而来的国家，和欧美工业化国家相比，中国的劳动力市场运行机制更为复杂，既受到诸多经济性、市场性因素的影响，也受政策、制度性因素的影响。计划经济体制下用工方式的惯性长期以来对劳动力市场形成了深刻的影响。本篇主要探讨劳动力市场制度性分割的历史变迁及影响，总结决定劳动力市场灵活性与安全性方面的制度性与市场性因素，分析影响中国劳动力市场运行稳定性的多维因素，以期为保持中国劳动力市场平衡提供决策参考。

本篇共三章内容。

改革开放以来，中国劳动力市场经历了由计划经济向市场经济的转轨，在转轨的过程中存在新旧经济体制的碰撞问题，回顾历史才能够准确理解当下和面向未来。本篇第一章“中国劳动力市场多重分割的制度经济学分析”，主要从历史视角回顾了我国劳动力市场存在的“城乡分割”“体制内与体制外分割”“一级劳动力市场与二级劳动力市场分割”的阶段性市场分割表现，并探讨了由此产生的企业效率损失和严重的社会公平失衡问题。劳动力市场制度性分割不利于企业的灵活用工，也人为地制造了城乡差距，把农民工排除在就业与社会保障制度之外，可能引发就业不安全、不稳定等问题。

进入20世纪90年代后，世界经济全球化、劳动力流动、技术进步、组织变革的步伐不断加快，国内市场经济体制改革逐步深化，国际国内形势的变化使得劳动力市场灵活化成为一种趋势。“统包统配”制度宣告结束，灵活用工形式增加，劳资冲突增多，就业安全感下降，这诸多问题均与劳动力市场运行存在密切联系。劳动力市场的灵活性与安全性的内涵是什么？如何衡量？灵活性与安全性主要受哪些因素影响？各个国家在劳动力市场改革中有哪些成功的经验？围绕这些方面的问题，国内外学者展开大量讨论。本篇第二章主要针对这些领域的研究成果，做了系统的梳理和总结，以期为完善中国劳动力市场改革，改善劳动力市场绩效，实现经济增长、就业促进、企业生产效率提高与劳动者就业保障等目标提供有益的借鉴。

劳动力市场中的就业灵活性与安全性问题，事关一个国家或地区的经济稳定、劳动者的工资收入、企业生产效率，因此非常有必要搞清楚二者在中国劳动力市场的决定因素。由于“就业安全性”具有多维性和难以量化性特征，而“就业稳定性”相对容易测量，且能够反映就业岗位的安全性，故本篇第三章主要从宏观经济因素与微观市场主体视角探讨了中国劳动力市场灵活性与稳定性的决定因素，就未来中国劳动力市场调整的方向与思路提出了自己的看法。

第一章

中国劳动力市场多重分割的制度经济学分析*

【摘要】本文运用新制度经济学理论对中国劳动力市场分割的历史变迁进行考察，发现劳动力市场存在的多重分割与社会经济转型时期的制度设计紧密相关。户籍制度、劳动就业准入等制度的过度供给造成了中国劳动力市场多重分割的局面。劳动力市场多重分割的直接后果是导致交易成本上升，如经济效率的损失、社会公平度的降低及城乡收入差距的逐渐扩大等。由此得到的启示是，政府作为制度供给的主体，应加快改革扭曲劳动力市场的制度，加强对垄断的监督管理，继续完善社会保障制度与劳动力市场信息发布制度，为建立全国统一、开放、竞争、有序的劳动力市场创造条件。

一、引言

在计划经济体制下，我国的劳动用工实行“统包统配”制度，城市单位的

* 该论文写于2010年。

招工、用人均按照统一的计划指标方式进行，企业没有独立的用工自主权，劳动力的流动受到严格限制，同时，户籍制度严格限制人口流动。1978 年以来，以市场为导向的经济体制改革不断深化，促进了劳动力市场体系的建立和发展，取得了可喜的成绩。但是，与产品市场相比，劳动力市场的发展相对滞后。改革开放以来，虽然整个社会劳动力的变化呈现递进式的向上流动态势，劳动力的职业结构趋向高级化，但是，如果对城镇劳动力的职业结构进行考察则会发现，城镇内部的七大类职业构成呈现金字塔形状，依次为生产工人、服务人员、商业人员、办事人员、专业技术人员、企事业管理人员、国家与社会管理者等。大量农村剩余劳动力进入城镇后，只能滞留在城镇劳动力市场供给方的“金字塔”底部，从而使得局部劳动力市场具有较明显的非竞争性。这种非竞争性表现为一部分劳动者之所以收入较低，并不是因为其劳动素质低，而是由于他们无法进入可以获得较高劳动报酬的那部分劳动力市场，进而出现劳动者素质和劳动收入不对等的情况。归根结底，这种状况产生的主要原因是劳动力市场的制度性分割。

回顾已有的文献，对劳动力市场分割的研究成果已有很多。20 世纪 70 年代初，经济学家彼得 B. 多林格尔与社会学家迈克尔 J. 皮奥里（Peter B. Doringer & Michael J. Piore，1971）从结构化的角度提出了二元劳动力市场分割理论。该理论认为劳动力市场存在主要和次要劳动力市场的分割，主要劳动力市场收入高、工作稳定、工作条件好、培训机会多、具有完善的晋升机制，而次要劳动力市场则与之相反，收入低、工作不稳定、工作条件差、培训机会少、缺乏晋升机制。之后，国外许多学者对各国劳动力市场分割的状况进行了实证检验。如威廉・T. 狄更斯（William T.Dickens，1985）、罗伯特・迈克纳布和乔治・萨卡罗普洛（Robert Mcnabb & Goerge Psacharopoulos，1981）分别计算了美国和英国劳动力市场的明瑟收益率，结果表明美国和英国都存在主要劳动力市场和次要劳动力市场的分割，表现：在主要劳动力市场，受教育年限与工龄对劳动者收入的影响更明显；而在次要劳动力市场，由于对劳动者文化水平要求不高且劳动者本身流动率偏高等因素，受教育程度与工龄对劳动者收入的影响不显著。

二元劳动力市场分割理论主要是基于西方发达国家劳动力市场的特点提出的，中国作为世界上最大的发展中国家，市场经济体制建立的历史较短，许多制度还尚待完善，劳动力市场分割的表现有其自身的特点。关于这一点，国内学者也做了很多相关研究。赖德胜（1996）认为中国的劳动力市场分割主要是一种制度性分割，并认为这种分割是经济转型国家的特殊现象。蔡昉、都阳（2001）认为，政府人为地把城乡劳动力市场分割开的政策是一种具有中国特色的扭曲性发展政策，是妨碍劳动力市场发育的制度性根源。李建民（2002）揭示了劳动力市场多重分割是公平失衡的结果，而且这种分割会进一步加剧社会的不公平。从长远来看，建立起一个劳动力可以自由流动的、规范的劳动力市场是中国经济能够持续增长的重要基础。刘精明（2006）结合具体的社会改革进程，运用 1996 年、2003 年两次“全国综合社会调查（CGSS2003）”社会调查数据，从新结构主义视角探讨了劳动力市场的部门分割及其结构特征的变化，并以此解释了不同部门中人力资本收益模式发生变化的原因。

综观当前的研究成果，学术界更多地关注和研究了劳动力市场分割的表现、特征和原因，而本文主要运用新制度经济学理论对中国劳动力市场分割的制度性变迁及其不良影响进行详细分析。

二、劳动力市场分割的制度性变迁

劳动力市场分割是指由于政治、经济等外在制度因素或经济内生因素的制约，使劳动力市场划分为两个或多个具有不同特征或不同运行规则的领域，不同领域在工资决定机制、工资稳定性及劳动者获得提升机会等方面具有明显区别，同时劳动者很难在不同的劳动力市场流动。我国劳动力市场的分割既有刘易斯（Lewis，1954）所指的传统农业部门与现代工业部门之间的分隔，也有制度性分隔。如果说前者是经济发展的内生性因素造成的，后者则带有较强的人为性，而这种人为造成的资源扭曲性配置恰恰是本文的研究重点。关于中国劳动力市场分割的阶段划分，不同的学者看法大同小异，差别在于划分的详略程度不同。本文从劳动力市场制度变迁的角度，将其划分为以下三个阶段。

（一）1978—1984 年，城乡分割的劳动力市场

中华人民共和国成立之后很长一段时期，农民追求比较利益的冲动被强制性压抑，生产积极性不高，效率低下，部分地区农民甚至生存都较为困难。穷则思变，在这种形势下，迫于生计的安徽省凤阳县小岗村的 18 户农民率先实施了家庭联产承包责任制，并在运行中取得了良好的效果。这一制度于 1982 年得到了中央的认可，很快在全国范围内广泛推广。这一发端于农民的制度变迁，赋予了农民土地使用权、经营自主权、收益配置权和生产要素的重新配置权，极大地调动了农民的生产积极性，劳动生产率显著提高，单位面积耕地投入的劳动力大幅度减少，从而释放出大量的剩余劳动力。但是，由于户籍制度的限制，城乡之间的人口流动极少，分割非常明显。拥有城镇户口的居民的就业完全由国家按计划调配，多数为国家事业单位、国有企业和集体所有制企业，就业稳定，除了具有稳定的工资收入外，还有住房、养老、医疗、教育、托幼等保障职工及其家庭生活必需的实物福利和社会服务。在此期间，农民虽然短期内收入增加较快但并不稳定，也几乎没有社会保障，这样便形成了泾渭分明的农村劳动力市场和城镇劳动力市场。

（二）1985—1996 年，城乡分割与体制内、体制外分割并存的劳动力市场

这一阶段，家庭联产承包责任制对提高农民收入的作用日渐减弱，农村剩余劳动力增加所产生的转移要求和对这一要求产生阻碍作用的户籍制度之间的矛盾日益增加，客观上要求通过制度的调整来缓解农村劳动力就业与经济增长的压力。为此，中央出台了一系列放松户籍管制的政策。1985 年 1 月 1 日，国务院发布了《关于进一步活跃农村经济的十项政策》，允许农民进城务工。紧接着，1986 年至 1988 年又分别发布了《关于国营企业招用工人的暂行规定》和《关于加强贫困地区劳动力资源开发工作的通知》。户籍制度的松动极大地减轻了农村剩余劳动力就业的压力，城市迎来了改革开放以来的第一次“民工潮”。但是，城乡之间的分割并未从根本上打破。1992 年至 1996 年，政府又采取了一系列法规限制农村劳动力向城市流动。如 1994 年原劳动部（现人力资源和社会保障部，下同）颁布了《农村劳动力跨省流动就业管理暂行规定》，强调“当本地劳动力无法满足需求并符合一定条件时，用人单位可跨省招用农村劳动力”。言外之意，如果本地劳动力能够满足市场需求时，不允许雇佣外地劳动力。此外，外出农村劳动者被要求在外出之前须持身份证和其他必要的证明，在本人户口所在地的劳动就业服务机构进行登记并领取外出人员就业登记卡，到达用人单位后，须凭出省就业登记卡领取当地劳动部门颁发的外来人员就业证，证、卡合一生效。这些规定无疑在很大程度上增加了农村劳动力外出务工的间接成本，抬升了农村劳动力在城市就业的门槛。与此同时，市场经济体制改革政策的实施极大地促进了私有经济的发展，创造了大量就业岗位，吸引了大批农民工涌向城市寻找就业机会。但是以户籍为识别依据的城市用工制度没有给农民工太多的职业选择余地，大部分农民工只能从事那些工资低、工作稳定性差且缺乏必要劳动保障的职业。这部分劳动力与所在行业构成的市场，学术界将其称为体制外市

场，或城市完全竞争劳动力市场。而拥有城镇户口的大部分居民仍由政府安排在国有企业、事业单位和集体所有制企业就业，工作条件好、就业稳定、劳动权益有保障、有规范的管理体系和管理制度。这些居民及其所在企业构成了体制内劳动力市场。在该市场中，劳动者的工资报酬主要取决于所在企业的经济效益与其个人在企业中的职位，与个人劳动技能、能力不必然存在联系，即收入不与个人绩效挂钩，且外来农民工很难进入，故该市场又被称为不完全竞争市场。

（三）1998年至现在，城乡分割与一级、二级劳动力市场分割并存

从发展趋势来看，户籍制度的约束正在逐步放松，挡在城乡之间的“坚冰”正在消融，农民工既可以进入“城门”，也可以进入“厂门”。然而，“冰冻三尺非一日之寒”，这一阶段尤其是前期，户籍制度的惯性及一系列以此为基础的就业、社会保障政策依然是农民工甚至是外地大学生进入城市正规部门难以逾越的障碍。各省、区、市限制外来农民工的政策可谓不断出台。因此，城乡统一的劳动力市场的形成仍需时日。在这一阶段，国有企业经过多年的改革，已初步建立起所有权与经营权相分离、产权明晰、管理科学的现代企业制度，经营者对企业的员工数量和工资水平有了较强的控制能力和决定能力，同时，国家事业单位也开始了大规模的机构精简改革，以往只进不出、只上不下的用人机制逐渐改变为能进能出、能上能下的机制。体制内外的劳动力市场差别正逐步消除。但一级、二级劳动力市场分割的特点仍然非常明显。在一级劳动力市场上的雇主主要是国有、集体以及实行现代企业制度的部门，主要是一些大企业、大公司，以生产资本密集型产品为主，劳动力可以获得较为合理的工资及包括社会保障在内的福利（休假、培训、晋升等）；二级劳动力市场上的雇主则由众多的中小企业组成，主要生产劳动密集型产品，劳动者包括个体经营

者、手工业者、家政服务者、拾荒者等，其工资水平很低，没有社会保障，劳动者权益难以得到保护，工作环境差，缺乏晋升机会。事实上，我国垄断行业高工资、高福利状况的存在，说明一级劳动力市场中不同行业之间并不是完全竞争的，仍然处于相互分割的状态。一方面，在民营现代化企业市场上，劳动者的报酬采取与绩效挂钩的方式确定，通过竞争性市场机制来调节；另一方面，垄断行业在国家政策的过度保护下，将垄断收益以工资、奖金、福利的形式分配给职工个人，形成这些行业不合理的高收入。据《上海证券报》提供的数据显示，石油、电信等垄断企业内部目前的收入差距已经接近 5 倍，差距最大的为石油行业，个别企业最高收入者与最低收入者的差距接近 100 倍。这既是市场化不够、竞争机制没有完全形成的结果，也是国家对这些行业干预过度的反映。

三、劳动力市场多重分割造成的交易成本

新制度经济学家认为，只要不是鲁滨孙世界，就可能发生交易费用，在鲁滨孙的世界，由于只有他一个人，根本不存在交易，因而没有交易费用。但是，只要有两个以上的人存在，就可能产生交易费用。由于交易费用由多种因素决定，因此，要彻底消除交易费用既不可能也不现实，但这并不意味着交易费用不可以降低。有哪些因素可以降低交易费用呢？在新制度经济学家看来，制度是降低交易费用的一种重要手段，即制度实施得当与否直接决定着交易费用的高低。

世界各国的经济发展实践表明，市场是配置资源的一种有效机制，它可以有效地降低交易成本，提高资源配置效率。然而，在中国劳动力市场多重分割的背景下，劳动者只能在特定的地区和特定的劳动力市场上提供劳动力供给，企业也往往只能在特定的地区和特定的劳动力市场上提出并实现对劳动力的需求，

劳动力在不同市场之间的流动需要承担高额成本。具体表现在以下两个方面。

（一）劳动力市场多重分割导致经济成本与心理成本上升

当前我国劳动力市场格局如图 1 所示，城乡分割仍然是最主要、最突出的分割形式。农村劳动力虽然可以进城，但是仍然被打上深深的“农民工”的烙印，这一具有中国特色的称谓足以说明其很难融入城市，很难进入城市一级劳动力市场。农村转移出去的劳动力更多地流到了城市中工作不稳定、福利待遇低、缺乏社会保障的二级劳动力市场。一级劳动力市场又分化为拥有垄断资源、工资参照公务员管理、晋升套用行政级别的大型国有企业和采取现代高新技术、现代企业管理制度的非国有企业。

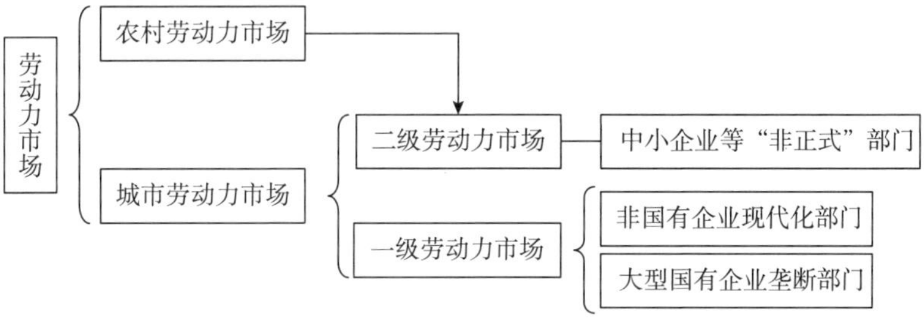

图 1　我国当前的劳动力市场分割结构

城乡劳动力市场以及一级、二级劳动力市场分割的交易成本中有很大一部分是由劳动力的供给者即农村转移劳动者承担的。而交易成本的产生则源于政府的各种制度安排，如农民工进城必须办理城市暂住证、就业证、计划生育证、外来务工证等证明。这些证件的办理无疑增加了农民工打工的间接成本。另外，一些城市对劳动力户籍、从业行业、雇用数量等都做出硬性规定来限制农村转移劳动力进入一级劳动力市场。农民工只能从事属二级劳动力市场的职业，这在现实中表现为许多城市都对农民工进行总量控制、职业和工种限制、先城市后乡村控制等。上海、武汉、北京、深圳、郑州等大中城市都有类似的限制规定。这些歧视性规定使得农民工成为城市的“边缘人”。

一级、二级劳动力市场的分割还造成了一级劳动力市场上厂商效率的损失和经济成本的增加。在统一的完全竞争的劳动力市场条件下，厂商对劳动力的需求取决于该市场上劳动力的工资率及其边际生产率，均衡原则是工资率与边际劳动生产率相等，如图 2 的均衡点 C 所示，均衡的工资率为 W_e，均衡的劳动力雇用数量为 L_e。但是，若在一个地区中同时存在着一级劳动力市场和二级劳动力市场，同样的劳动力是在两个相互分割的市场上进行交易，由于制度的限制，尽管二级劳动力市场上的工资率 W_2 大大低于一级劳动力市场上的劳动力的工资 W_1，厂商仍然不得不支付较高的工资 W_1 才能雇用到与企业岗位需求相匹配的劳动力。在自由流动的劳动力市场下，厂商的剩余为三角形 AW_eC 所代表的面积，然而，在存在一级、二级市场的情况下，厂商的剩余仅仅为三角形 AW_1B 所示的面积，即由于两个市场的制度性分割，厂商将遭受四边形 W_1W_eCB 所反映面积的效率损失，而且，两个市场上的劳动力替代性愈强，四边形 W_1W_eCB 的面积愈大，制度分割所造成的效率损失也愈大。

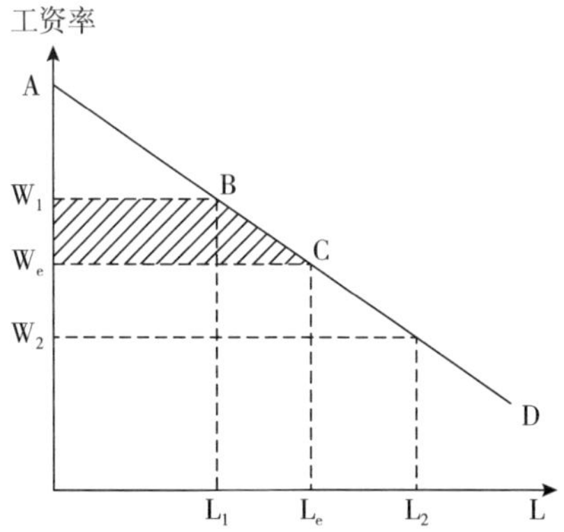

图 2　一级、二级劳动力市场分割的效率损失

（二）劳动力市场多重分割引起社会公平失衡

一般说来，劳动者平均报酬的差别来自两个方面：一是由人力资本或劳动者素质的差别所引起的；二是由社会制度安排所引起的。第一个方面是市场经济运行的内生因素作用的结果，能够实现优胜劣汰，促进生产效率的提高和市场经济的良性发展。而第二个方面是政府管理部门人为干预的体现，干预不当或干预过度都会导致经济效率的损失和公平失衡。因此，中国劳动力市场的多重分割不仅导致了经济效率的损失，而且在现阶段造成了以下两个方面的社会不公。

一方面，对农村转移劳动力来说是不公平的。与农民工相比，城市居民在经济实力上具有优势的同时也增加了其在政治谈判中的筹码，因此，许多政策的制定带有明显的城市倾向性。一些城市的政府对劳动力来源地、从业行业、从业数量等都做出硬性规定，通过城市户籍或者提高职业准入"门槛"来限制外来农村人口进入一级劳动力市场的做法，使农民工与市民不能享受同工同酬的公平待遇，并且在社会福利、劳动权益保障等方面受到不公平待遇，一定程度上伤害了为城市繁荣发展做出贡献的农民工的感情。前几年，我国沿海地区出现结构性、局部性的"民工荒"，最重要的原因之一即劳动力市场分割造成的农民工工资福利待遇过低、劳动条件和劳动环境恶劣、农民工合法权益难以得到保障。集中体现在户籍制度、就业制度、社会保障制度等方面的歧视性规定还是造成城乡收入差距不断扩大的重要原因之一。劳动力市场多重分割引起的社会不公直接反映在城乡居民收入的差别上。改革开放初期，工业优先发展的战略造成城乡居民之间的收入差距过大，据《中国统计年鉴（2008）》的数据测算，1978 年城镇居民的人均可支配收入与农村居民的人均纯收入的比率高达 2.57。当农村联产承包责任制改革率先在农村地区展开后，城乡收入比率一度缩小，1983 年降低到 1.70 这一最低点。随着城市经济体制改革的进行，城乡居民收入差距又开始拉大，尤其是进入 1997 年以后，城乡居民收入差距拉大的速度有所加快，且基本呈逐年拉大的态势。到 2008 年，不考虑城市居民享受的除工资以外的福利收入，城乡收入比率达到了 3.28。

另一方面，对某些企业也不公平。由于一些地方政府在某些工种或行业上设置了障碍，不允许外地劳动力或农民工进入，致使企业不得不雇用人力成本较高的本地劳动力，所以，在一级、二级劳动力市场分割的条件下，那些可以进入二级劳动力市场的企业能以较低的价格出售产品，进而增强了企业的竞争力。相反，那些受管制的企业则不得不承担较高的用工成本。另外，劳动力市场体制内国有垄断企业的存在也给体制外的民营、外资企业带来较大的市场竞争压力。在政府保护政策下，大型国有垄断企业的员工能够获得丰厚的薪水与福利，且工作稳定性高。而民营、外资企业所处的劳动力市场竞争激烈，人员流动率高，工作稳定性差，要想吸引优秀的人才必须支付比国有垄断企业更高的报酬，而这一报酬是比完全自由竞争的劳动力市场高得多的支出。毫无疑问，劳动力市场中体制内垄断的存在增加了竞争性企业的支出成本，削弱了其竞争力。

四、结论与讨论

上述分析表明，我国劳动力市场的制度性分割与特定时期的制度设计密切相关。改革开放前，中国实行高度集中的计划经济体制，政府长期通过行政和立法手段来限制劳动力自由流动。户籍制度就是一种由政府主导的强制性制度供给，它除了承担基本的户籍人口管理职能外，还在此基础上附加了很多利益分配功能，如城乡福利、社会保障水平的差异等均源于此。近些年来，尽管造成我国劳动力市场分割的制度性藩篱正在逐渐拆除，户籍制度总体上逐步放松，城乡社会保障制度的覆盖面在加大，而且《中华人民共和国劳动合同法》的出台加大了劳动者合法权益的保护力度，这些新的变革都弱化了劳动力市场上对弱势群体的歧视。但各类劳动力市场分割及其所导致的经济效率损失问题、社会公平问题、收入差距扩大等不良后果依然存在。政府作为制度供给的主体，可以通过改革对劳动力市场造成扭曲的制度、加强对垄断的监督管理、继续完善社会保障制度与劳动力市场信息发布制度等手段，尽可能地消除人为的制度性市场分割，逐步建立全国统一、开放、竞争、有序的劳动力市场，给企业与劳动者提供公平竞争的机会。

参考文献

1. Peter B. Doringer & Michael J. Piore. 1971. Internal Labor Market and Manpower Analysis. Massachutte: D. C. Heath and Company.

2. Robert Mcnabb & Goerge Psacharopoulos. 1981. Further Evidence of the Relevance of the Dual Labor Market Hypothesis for the U.K., The Journal of Human Resources 16 (3), pp.442—448.

3. W. A. Lewis. 1954. Economic Development with Unlimited Supplies of Labor, The Manchester School, Vol. 22 No. 2, pp.139—191.

4. William T. Dickens and Kevin Lang. 1985. A Test of Dual Market Theory, American Economic Review, Vol. 75 No.4, pp.792—805.

5. 蔡昉，都阳 . 户籍制度与劳动力市场制度改革 [J]. 经济研究，2001 (12).

6. 赖德胜 . 论劳动力市场的制度性分割 [J]. 经济科学，1996 (6).

7. 李建民 . 中国劳动力市场多重分隔及其对劳动力供求的影响 [J]. 中国人口科学，2002 (2).

8. 李雁争 . 国资委：垄断行业内员工工资最大相差百倍 [EB/OL]，2008-01-21 [2008-02-01]，http：//news.qq.com/a/20080121/001268.htm.

9. 刘精明 . 市场化与国家规制——转型期城镇劳动力市场中的收入分配 [J]. 中国社会科学，2006 (5).

10. 袁庆明 . 新制度经济学 [M]. 北京：中国发展出版社，2005.

11. 朱镜德 . 现阶段中国劳动力市场流动模式、就业政策与经济发展 [J]. 中国人口科学，2001 (4).

第二章

劳动力市场灵活性与安全性：决定因素、市场绩效与政策选择文献综述*

【摘要】平衡劳动力市场灵活性与安全性是各国进行劳动力市场改革所不懈追求的重要目标，劳动力市场灵活性与安全性极大地影响国民经济的运行效率与社会的和谐稳定。本文主要回顾了劳动力市场灵活性与安全性的制度性决定因素、灵活性与安全性所产生的市场绩效、如何在二者之间寻求平衡的研究成果，对这些文献的总结有助于加强人们对劳动力市场政策利弊的认识，为我国就业保护立法和劳动力市场制度建设和完善提供决策依据。

近期关于是否修改《中华人民共和国劳动合同法》（以下简称《劳动合同法》）的讨论不绝于耳。支持修法者的理由是《劳动合同法》对企业的保护不足，严重限制了企业的用工自主权，提高了企业的用人成本，很大程度上降低了我国劳动力市场的灵活性，不利于提高生产效率，最终损害的是劳动者的利益（楼继伟，2016）。反对者则认为近年来我国劳动年龄内人口持续下降，劳动力供求局面反转，房价等生活成本不断攀升，企业税负重等因素均是推高企业成本

* 该论文写于2016年。本文为基金项目中国劳动关系学院一般项目（批准号：10YYB024），中国劳动关系学院教改项目（项目编号：JG0814）研究成果。

上涨的原因，不能将企业成本上升简单归咎于《劳动合同法》；而且《劳动合同法》实施后，无固定期限的规定并没有得到有效的实施，企业用工实际上是非常灵活的，并没有造成劳动力市场的僵化。因此，在共享理念之下，劳动者的合法权益不仅不能削弱，更应切实保障，《劳动合同法》不仅不能废止，更应落实到位（姜颖，2016 年）。实际上，围绕要不要修法的焦点在于《劳动合同法》是否限制了劳动力市场的灵活性，造成了市场僵化。本文的基本分析逻辑是劳动力市场的政策制度是决定劳动力市场灵活性与安全性的重要因素，市场的灵活性与安全性又是影响劳动力市场绩效的主要原因，过度的灵活性与过度的安全性都会降低市场绩效。因此，如何平衡劳动力市场灵活性与安全性之间的关系是各国劳动力市场改革所追求的目标。本文接下来的内容将按此逻辑展开：第一部分回顾劳动力市场灵活性与安全性的各种制度性决定因素；第二部分归纳劳动力市场灵活性、安全性对市场绩效的作用；第三部分总结发达国家在平衡劳动力市场灵活性与安全性方面的经验及我国的实践；第四部分对现有研究做出总结评论，并对未来的研究方向进行展望。

一、劳动力市场灵活性与安全性的决定因素

关于劳动力市场灵活性与安全性的决定因素的研究源于对其概念的界定，国外在这方面的研究更早，对其概念的内涵与外延的界定更加系统和全面。经济合作与发展组织（OECD）1999 年对劳动力市场灵活性给出了比较权威的定义，包括外部数量灵活性、内部数量灵活性、功能灵活性、工资灵活性与外部化灵活性。劳动力市场安全性也是一个多维的概念。Keller 和 Seifert 将其划分为四种类型：工作岗位安全性、就业安全性、收入安全性和组合安全性。国内学者在相关领域的研究多数沿用了上述学者的界定方式，并结合中国劳动力市

场的实际情况作了进一步阐释。

劳动力市场灵活性与安全性的决定因素很多，在笔者看来大致可以划分为市场内在客观因素和外在主观因素。内在客观因素主要包括技术进步、劳动力年龄结构、劳动力素质结构等，这类因素在短期内变化不大。外在主观因素主要包括一系列政策制度的设计，这类因素是政府确保经济平稳有序运行，促进市场效率和社会公平的主要手段，具体来说，主要包括各国的就业保护立法、最低工资制度、工会的力量与社会保障政策等。基于外在因素的主动性、可变性及其对市场运行结果影响的深远性，本文这部分内容主要围绕这类因素来梳理相关方面的研究，以便为我国劳动力市场政策的调整提供依据和借鉴。

（一）就业保护立法

“就业保护立法”主要指与“雇用和解雇”有关的管理规定，如解雇的条件、离职补偿金、最短的预先通知期、解雇的行政审批程序、与工会或劳动部门的事先沟通等管理制度。通常认为，在就业保护立法比较严格的情况下，个体的就业更安全，就业关系更持久，即严格的就业保护会减少雇用与解雇行为的发生，但这种安全和持久是有成本的。首先，更严格的就业保护立法会加大享有较高就业保障的正规就业者与非正规就业人员以及失业者之间的差距；其次，当实施更严格的就业保护立法时，由于企业在解雇员工时必须要支付补偿金，向离职者提供再就业补助和参加再就业培训的费用，而且复杂的离职审批程序（预先通知期、与工会或劳动部门的磋商），使企业不得不承担高额的劳动力成本和额外成本。这些成本的增加，很可能使企业在做出正规的聘用决策时更加谨慎，从而减少正规就业在总就业人口中的比重，增加灵活性用工。

长期以来，欧洲完善的就业保护立法以及持续疲软的劳动力市场等现象，推动了经济学家对各国就业保护立法的研究。结果发现，各国的就业保护程度差异很大，就 OECD 国家内部来看，虽然不同的指标显示的结果不同，但都表现出一个总体的趋势：欧洲南部的国家有最严格的就业保护规定，这种严格性越往欧洲北部越弱。丹麦、瑞士、英国的就业保护立法最弱，在这方面可以与美国相比。丹麦的就业保护立法严格程度很低，除对白领工人有某些方面适度的保护之外，对蓝领工人基本上没有任何就业保护。丹麦雇主可以根据需要对劳动力数量进行任意调整，雇员一旦不再具备高效率的生产能力，不再适合现有的工作岗位时，雇主就可以随时解雇雇员，而不会受到政府的限制，而这正是丹麦的企业对于国内、国际市场的变化拥有更强的适应性，企业的竞争力也更强的原因。相比之下，德国的就业保护政策很严格，雇主在解雇工人时必须支付补偿金，在企业进行重组时，还要实施“社会解雇计划”。严格的就业保护使得解雇成本很高，企业在雇用新人时不得采用极为谨慎的态度。20 世纪 80 年代以来，劳动力市场的僵化被认为是造成西方国家持续高失业的主要原因，于是很多国家从改善劳动力市场的自身调节功能出发，逐步放松对就业的管制，实施了劳动力市场的灵活化改革。

改革开放以来至 21 世纪初，我国劳动力市场长期表现为供过于求，企业用工具有极大的灵活性。直到 2008 年《劳动合同法》的出台，才使得劳动者权益屡受侵犯的现象得到较大程度的遏制，工作岗位的安全性、收入的安全性与组合安全性逐步提高。近年来，受经济下行的影响，《劳动合同法》饱受质疑，不少学者认为我国当前也面临欧洲国家在 20 世纪 80 年代同样的劳动保护过于严苛、劳动力市场过于僵化的问题。如董保华指出《劳动合同法》过度强化管制、限制自治，由此产生了十大系统性失衡问题。具体表现为“劳动力市场灵活性不够”的三大失衡问题、“企业用工成本比较高”的三大失衡问题，以及“立法过度倾斜”的四大失衡问题。

虽然主流的观点认为严格的就业保护立法有力地保障了劳动者的工作安全性、收入安全性和组合安全性，降低了企业解雇的灵活性，不利于价格机制作用的发挥，损害了资源配置效率，但对此方面的研究并非众口一词，有一部分学者表达了不同的看法。如 Piore 和 Akerlof 支持严格的就业保护立法可以促进内部劳动力市场用工的灵活性和功能的灵活性的观点。更严格的就业保护立法一般会使用人单位裁员的时间更长、成本更高，企业管理层因此必须寻求其他的解决办法来代替裁员，比如在企业改组、技术升级、改善市场营销策略等过程中，通过更好的人力资源规划和更有效的激励机制来增强人力资源的功能灵活性。

（二）最低工资制度

在最低工资制度对劳动力市场的影响方面，很多学者的结论是负面的。如 Peter Auer 和 Sandrine Cazes 在对转型国家的劳动力市场灵活性问题研究时，指出最低工资制度在那些国家没有发挥重要的经济或社会作用，因为最低工资标准在大多数转型国家都很低。国内学者也认为，实行最低工资制度的目的是保障劳动者的基本收入权益，提高劳动者的收入安全性，但事实上国内很多用人单位可能把最低工资标准当成正常的工资水平，既不违法又节省成本。结果，最低工资制度不但没有起到很好保护灵活就业人员的作用，反而成为剥削劳动者的合法依据。Stigle 的研究也指出最低工资制度会提高用工成本，尤其是在竞争性市场中，员工流动性很强，企业很难集聚起市场力量，最低工资制度必然会损害就业。纽马克和瓦斯切（Neumark & Wascher）利用面板数据分析法进一步证实了最低工资制度会损害就业的观点。

然而卡德与克鲁格（Card & Krueger）利用双重差分方法，对新泽西州和宾夕法尼亚州的研究则认为最低工资制度没有明显地损害就业。在实践中，英国的最低工资制度实施效果支持了卡德与克鲁格的观点，新工党上台以后于 1999 年在全国范围内实施的新的最低工资制度，充分考虑了青年工与成年工、学徒与技术工的差异，分别确定最低工资标准，并且最低工资标准随社会工资水平的提高不断调整。最低工资制度使 7%~8% 的劳动力人口增加了收入，其中有 70% 是妇女，她们中有 3/4 的人从事非全日制工作。英国的最低工资制度在为低收入者和灵活就业者提供收入保障的同时，也维护了社会公平，充分发挥了最低工资制度在劳动力市场运行中的保障性功能。

（三）工会组织与力量

在绝大多数国家，工会在劳动力市场运行中有着重要的影响。工会可以通过集体谈判确定最低工资标准，提高工资水平，改善劳动条件，来向资方施加压力，保护劳动者的经济利益，从而对企业的用工成本产生影响；强大的工会还可以通过选择罢工来阻止企业大规模的解雇，或者逼迫雇主使被解雇的工人获得高额的补偿费用；同时，工会也可能设定就业目标并接受限制工资增长的幅度，以此来换取就业岗位的增加。毋庸置疑，工会在保障劳动者工作岗位的安全性和收入的安全性方面发挥了巨大的作用。

然而，工会对劳动力市场的影响从来就不是单向的。工会在满足劳动者利益诉求、维护劳动者经济权益的同时，也造成了劳动力市场的僵化。一方面，由于作为劳动者代言人的工会的存在，雇主很难随着外部市场环境和内部经营状况的变化而灵活调整雇用数量，即解雇的难度增大；另一方面，工会代表工人与雇主方相抗衡，通过集体谈判签订集体合同，工人的最低工资水平得以提高,在一定程度上限制了部分企业根据市场供求关系自主确定工资水平的空间,使得工资灵活性降低。工会力量的强弱决定了它对劳动力市场的影响程度，很多研究将其作为判断一个国家劳动力市场灵活程度的指标，认为强大的工会是造成持续高于“市场出清”水平的工资刚性的重要原因。欧美一些国家为了提高劳动力市场的灵活性和自由化，实施了一系列制度上的变革。在英国，这些变革包括专门针对劳动力市场的工会立法的改革、工资委员会的撤销、保护妇女和年轻工人免于夜间工作制度的废除和工厂法的削减等。在美国，早在里根政府时期就对工会采取了强硬措施，解雇了联邦航空管理局非法罢工的空中交通管制人员，解散了空中交通管制人员工会，并实行对罢工工人的永久性替代政策。从时间趋势看，欧美发达国家的工会密度与集体谈判覆盖率都在下降，谈判级别也逐步由集权化向分散化转变，有关工会的立法也在逐步削弱。与欧美国家不同，中国自 2008 年以后，相继出台和重新修订了《劳动合同法》《工资集体协商法》《集体合同规定》《关于进一步推进工资集体协商工作的通知》《关于开展区域性行业性集体协商工作的意见》等工会领域的政策法规，中国工会对劳动力市场安全性在立法层面的影响正在逐步加强，但在 2014 年之后受经济下行的影响，政策法规的实施面临很大的现实困难，在执行中被打了很大的折扣。

（四）社会保障制度

实践中、欧、美等发达国家和地区，特别是北欧国家，已经建立起比较完善的从“摇篮到坟墓”的福利制度——免费医疗、教育、儿童津贴、租房补助、养老金以及向失业人口发放的几乎全额的薪金。虽然慷慨的社会保障制度为劳动者建立起了一张失业安全网，但高水平的社会福利制度是以劳动者支出高昂的税收为支撑的，过重的税负会降低劳动者闲暇的机会成本，倒逼劳动者短期内退出劳动力市场，导致失业率的提高。在各类社会保障制度中，失业保险对于劳动者就业灵活性与安全性的影响最为直接且最为深远。失业保险制度的设计方式不同会对一国的劳动就业与失业产生不同的影响，制度的设计主要体现在失业津贴支付水平、津贴领取期限以及领取资格条件的规定，其中，失业津贴支付水平常用失业保险金替代率（失业保险金与就业时税后工资的比率）来表示。理论上来说，从需求的角度看，过高的替代率、较长的津贴领取时间和宽松的领取资格条件会提高企业的用工成本，不利于就业扩张；从供给角度看，它会减少劳动者寻找工作的动力和重返劳动力市场的积极性，加重长期失业。经验研究显示，失业保险金的领取时间比替代率对失业的影响更大。保险金的领取时间每增加 1 周，平均失业时间就会增加 1 天。来自西方工业国家的实证研究也表明，长期的失业津贴会造成长期失业。

国际上大多数国家关于失业保险的立法都是国家最高层次的立法，如德国的《就业促进法》、日本的《雇佣保险法》。但中国现行的关于失业保险的规定是 1999 年初颁布的《失业保险条例》，是国务院出台的行政法规。此外，多数劳动者的工资水平过低，在此基础上的失业保险金水平也过低，失业保险金对社会平均工资的替代率实际上相当于失业救助的水平，无法对失业人员提供充分保障。并且，由于失业保险金水平与低保的差距过小，极易导致失业人员退出劳动力市场。与发达国家过度的失业保护不同，目前中国的失业保险制度不足以为失业人员提供足够的保护。

二、劳动力市场灵活性、安全性与市场绩效

“市场绩效”同“灵活性”与“安全性”一样，也是一个多维的概念，鉴于劳动力市场灵活性与安全性会对企业、雇员这类微观经济主体与宏观经济的运行均会产生直接的作用或影响，以及对于文献可获得性的考虑，本部分将“市场绩效”界定在企业的劳动生产率、劳动者的权益保障与整个社会的失业三个维度。

（一）劳动力市场灵活性、安全性与劳动生产率

有的学者认为劳动力市场灵活性使厂商能够对技术变革和产品需求变化迅速做出反应，加剧劳动力流向生产率较高的行业和部门，提高资源的配置效率，从而提高整体劳动生产率，即劳动力市场的灵活性与劳动生产效率是一种正相关关系。由于劳动力市场灵活性与安全性概念的多维性，实际上灵活性与劳动生产效率之间的关系较为复杂，张原、沈琴琴利用企业与员工相匹配的数据，

经验研究结果发现：从灵活性的角度看，工会对解雇的制约不利于提高劳动生产率，企业有一些岗位长期无法由外部劳动力市场填补，也不利于劳动生产率的提高，而非正式员工比重较高的企业劳动生产率较高，表明外部数量灵活性与劳动生产率之间存在正相关性；岗位轮换有助于提高劳动生产率，表明功能灵活性与劳动生产率正相关；非正式员工占比较高和使用业务外包的企业劳动生产率较高，外部化灵活性与劳动生产率之间存在正相关性；而内部灵活性指标与劳动生产率之间不存在显著相关性，工资灵活性与劳动生产率之间的关系并不明确。从安全性角度来看，自动离职比重较高的企业劳动生产率较高，体现了工作岗位安全性与劳动生产率之间负相关；社会保险的缴纳和家庭人均收入的提高有助于提高劳动生产率，工资拖欠频率的下降和最低工资标准的实现也有助于提高劳动生产率，即收入安全性与劳动生产率之间存在正相关性；有带薪休假和产假的企业劳动生产率较高，反映了组合安全性与劳动生产率也正相关；就业安全性与劳动生产率之间的关系并不明确。这一国内对劳动力市场灵活性与安全性较为系统的实证研究表明不同维度的“灵活性”与“安全性”对劳动生产率的影响结果是不同的。但在提及劳动力市场灵活性与安全性时，社会各界更加关注外部数量灵活性与工作岗位的安全性，仅以外部数量灵活性代表劳动力市场灵活性，以工作岗位的安全性来反映劳动力市场的安全性，则结果又是比较确定的，即存在雇主解雇灵活性越高，劳动者工作岗位的安全性越低，企业的劳动生产率越高的规律。

劳动力市场的灵活性除了直接影响企业的劳动生产率外，还可以通过影响外国直接投资（FDI）决策间接影响劳动生产率。Haaland 等指出劳动力市场灵活性可以通过成本渠道影响一国 FDI 的流入和区位分布，劳动力市场灵活性越高，成本越低，越容易吸收 FDI，而 FDI 显然有助于提高劳动生产率。周申、杨红彦的研究也表明，无论是地区数据还是行业数据估计都证实了劳动力市场灵活性通过 FDI 间接作用和本身直接作用促进了内资企业劳动生产率的提高。

（二）劳动力市场灵活性、安全性与劳动者权益

肖巍、钱箭星认为灵活性是一把双刃剑。灵活性一方面有利于流动，使劳动者获得新的技能和经验，这对年轻人尤其有益；同时也降低了生产成本（工资），在选择替代生产要素时更具弹性，使企业更具竞争力。但另一方面，灵活性也势必对劳动者造成心理压力和不安全感，弹性也意味着劳动者被召之即来、挥之即去。不少学者表达了对劳动力市场过度灵活的隐忧，如曾湘泉和汪雯指出劳动立法与社会保障制度的缺失，导致灵活就业人员的权益得不到应有的保障，劳动条件差，无理克扣工资，违法延长工时，加班得不到报酬等问题较为普遍。孔德威和王莉在对英美大爆炸式灵活化改革的研究中，也表示这一改革存在着一些较大的消极影响，包括不平等性、不稳定性、转型的巨大痛苦等，劳动者就业的安全性缺失。张坤认为劳动力市场灵活性是建立在损害劳动者权益基础之上的，是资本权利对劳动者权益的侵害。主要表现在：放松就业保护立法保护管制与不稳定性就业的增加；削弱工会力量与劳动者权益保护组织的弱化；工资灵活化与劳动者收入差距的扩大；激活性劳动力市场政策与贫困性工作的增加；劳动力市场的边缘灵活化与劳工边缘化、社会排斥的加剧。

（三）劳动力市场灵活性、安全性与失业

杨伟国和苏静认为，就业保护过于严格和失业保障制度抑制就业积极性将对劳动力市场产生严重的负面作用，政府制定就业保护法令的初衷在于减少解雇行为，从而降低失业水平，但雇主的对策行为常会使就业保护法令的净效应适得其反，它在减少解雇行为从而降低失业水平的同时也可能会降低雇主的雇佣人数，从而加重失业问题；而且就业保护法令可能会增加内部人的谈判力量，迫使雇主支付效率工资给那些因之不受失业威胁的职工，从而对增加就业极为不利。孔德威和王莉指出，二战以后西方国家出台了一系列旨在缓和劳资关系、

保护劳动者权益的政策措施，工会在劳动力市场中也发挥着越来重要的作用，但由于劳动力市场过度安全性导致的“刚性”造成了劳动力市场的失效，表现为持续的高失业率和社会稳定的压力。

国外的很多研究也强调了劳动力市场过度的安全性，会对就业产生冲击。Lazear 认为高额的经济补偿金无助于就业问题的解决，反而增加了失业率，经济补偿金条款的强化对法国、意大利、葡萄牙的失业上升做出了良好的解释。桑德林·卡则斯与伊莲娜·纳斯波洛娃也指出，当政府实施更严格的就业保护立法的时候，因为解雇职工时必须要支付离职金，履行有利于被解雇职工的其他一些义务，这会使企业在做出正规雇用决策时更加谨慎，这样就提高了社会的失业水平。最新的关于荷兰大学生灵活就业问题的研究也提供了类似的证据，在劳动力市场中雇主处于主导地位，严格的就业保护使雇主为了规避高额的失业补偿金，降低解雇成本，倾向于与雇员签订临时的、短期的劳动合同，这使得最近几年的大学毕业生就业更为短期化，和长期合同雇员相比，他们的工资较低与工作条件更差。

三、平衡劳动力市场灵活性与安全性的政策选择

（一）欧洲经验总结

有关劳动力市场灵活性和安全性的实践及理论研究最充分的资料来源于欧洲经验，近年来国内学者对欧洲劳动力市场灵活性和安全性问题进行了一系列的介绍和探讨。

在欧盟层面的讨论上，杨伟国和唐穗从欧盟共同体层面概括了灵活保障模式的发展历程，梳理了欧洲国家劳动力市场灵活性和安全性改革的过程。从

1997 年欧盟发表的绿皮书《新工作组织的伙伴关系》到 2000 年里斯本峰会上提出的里斯本战略，从 2001 年的《欧洲就业指南》到 2006 年布鲁塞尔欧洲理事会上，欧盟明确提出了“灵活保障”，再到 2007 欧盟“灵活保障模式”会议，欧盟始终强调了以就业为导向的劳动力市场改革目标和兼顾灵活性与安全性的政策调整原则。

在对欧洲各国灵活安全模式的比较探讨方面，丁纯将欧盟成员国就业保护法改革类型概括为四类：以英国为代表的收紧长期合同 + 收紧临时合同，以比利时、希腊、德国、荷兰为代表的不变长期合同 + 放松临时合同，以爱尔兰、匈牙利为代表的不变长期合同 + 收紧临时合同，以及以西班牙为代表的放松长期合同 + 收紧临时合同。

杨伟国和唐穗对不同的国家不同的灵活保障形式进行了概括，德国和比利时注重功能上的灵活性以及收入保障性，而丹麦则和荷兰比较注重外部的数量的灵活性以及工作保障性，丹麦始终在较高的外部数量灵活性以及较高的收入和工作保障性之间进行权衡取舍，而荷兰则通过立法与政策，实现外部灵活性以及工作的保障性。他们借鉴 Wilthagen 和 Velzen 的总结，将各国的特征概括为表 1。

表 1　　不同欧洲国家的灵活保障类型

国家	层次	执行者	法令形式	特征	权衡取舍
意大利	行业	行业中的社会伙伴	集体谈判	企业代表达成“联合管制自由职业者”的协议，来增强对某些行业人群的保障和接受培训的权利。此协议导致了更深远的对于这类劳动者的管制，并减少了他们作为终身雇用劳动者的代替者的使用	功能灵活性；就业保障
西班牙	国家	政府、工会以及雇主组织	1994—2001 年间的各种社会协议	双边及三边会谈，有时仅包含政府及一边社会伙伴的参与，使得一系列致力于提高西班牙兼职工作者地位的法令得以颁布和实施	内部数量灵活性；就业保障

续表

国家	层次	执行者	法令形式	特征	权衡取舍
德国	企业	社会伙伴	集体谈判	工会与戴姆勒克莱斯勒和西门子公司达成协议，以延长工作时间为条件来停止对工人的解雇	内部数量灵活性；工作保障
芬兰	国家	工会和雇主组织	修改 1996 年工作时间法案的建议	“工作时间银行”：加班时间和节假日工作时间能够以放假时间和额外收入的形式自由存取。此模式建立在扩大地区劳动力市场以及自我雇用的服务上	内部数量灵活性；综合保障
奥地利	国家	政府	法律	兼职工作退休方案：允许 50 岁以上（含 50 岁）女性工作者和 55 岁以上（含 55 岁）男性工作者在保持原收入的前提下减少 40% ～ 60% 的工作时间	内部数量灵活性 / 工资灵活性；工作保障 / 收入保障

欧洲劳动力市场改革最为成功并广受推崇的是丹麦和荷兰，两国实施的以“灵活安全性”（Flexicurity）为原则的制度架构，为实现灵活性和安全性的互补关系提供了一种可能，也为其他国家的改革提供了借鉴。两国的“灵活安全性”就业政策代表了两种典型的灵活保障模式：丹麦以放松的劳动力市场规制、丰富的社会保障项目以及积极就业政策为特征的“金三角”模式，实现了劳动力市场灵活性与安全性的统一；荷兰改革的核心是推进一级劳动力市场的灵活性，同时提高二级劳动力市场就业的安全性，实现二元劳动力市场的融合，并以一定的社会收益和激励计划作为补充，成功实现就业的提升。

（二）中国的实践探索

国内一些学者也对中国的劳动力市场灵活性和安全性的实践问题进行了总结和探讨。例如，张车伟指出我国建立“灵活安全”的劳动力市场需要从以下方面入手：企业解雇和聘用人员更加容易，企业内部的工作安排更加灵活，劳动者的就业能力更强，就业形式和工资支付形式更加灵活；同时与灵活性相对应，“安全性”或者说“保障性”在这里也包含几层意思，要保障收入的安全、工作的安全以及对就业或者就业能力予以保障，“灵活安全”的劳动力市场意味着劳动力市场保护的重点要从保障工作岗位转向保护劳动者自身。同时他认为《劳动合同法》和社会保障制度为有效实现这种均衡提供了基础，但同时也存在很多的问题。

程延园从劳动立法角度专门研究了中国劳动力市场灵活性和安全性的平衡问题，提出我国劳动合同立法对那些劳动力市场被严格管制的问题需要更多的灵活性，对劳动力市场本已很灵活的问题则需要增加规制，在规制和放松中寻找平衡；劳动合同法最终要回到其社会利益本位下的劳资和谐、平衡规制的轨道上来；劳动合同立法应当切合实际，使得其平衡作用具有可行性；劳动合同立法应当坚持鼓励市场经济以提高国家经济竞争能力与坚持对劳动力市场管制以保护劳动者合法权益为原则，在劳动者权益和企业权益之间寻求平衡，在立法中寻求最佳利益契合点。

方浩在研究 OECD 国家就业保护制度改革的基础上得出对中国的启示，他指出中国劳动力市场制度建设应建立保障一定水平就业机会的就业保护制度，并通过社会保护程度的提高，来逐步降低就业保护水平，实现社会保护对就业保护制度的替代。他从保障劳动者经济权利与社会权利的视角，强调了劳动力市场改革应以最小的代价降低就业保护对劳动力市场灵活性的影响，在维系社会稳定、促进社会平等的前提下，发挥市场配置劳动力资源的效率优势。

四、总结与展望

当今世界经济全球化、劳动力流动、技术进步、组织变革的步伐不断加快，均使劳动力市场灵活化成为一种趋势。虽然各国劳动力市场改革的侧重点和政策调整的力度不同，但改革的核心却是相同的，即在追求灵活化的过程中，保持灵活性与安全性的平衡，寻求完善劳动力市场功能、改善劳动力市场绩效的有效政策手段与方法，以实现经济增长、就业促进、企业生产效率提高与劳动者就业保障等宏微观绩效目标。由于劳动力市场灵活性与安全性概念的多维性，决定了其影响因素的多元性，绩效目标的多层次性与平衡灵活性及安全性的复杂性。早在2006年，欧盟就将发展“灵活安全性”模式列为最重要的战略议题，此后欧洲各国便将此模式作为各国劳动力市场改革的不懈追求，丹麦和荷兰被公认为是这方面“最佳实践的典范”。前述研究极大地深化了人们对于劳动力市场灵活性与安全性的认识，为后续研究打下了坚实的基础，同时也为发展中国家的劳动力市场改革与制度建设提供了丰富的经验和可以借鉴的依据。

现有研究美中不足的是对于国内劳动力市场灵活性与安全性的研究还比较匮乏，尤其是在实证研究方面，多数研究还停留在定性讨论的层面。受数据的限制，我国当前劳动力市场灵活性与安全性状况如何？就业保护立法、最低工资制度、工会组织与社会保障制度等各自发挥了多大的作用？这些问题还缺乏比较权威的、理性的分析与判断，这使得我国的就业保护与劳动力市场政策在放松管制与加强保障方面缺乏相对明确的“度”，难以确保在灵活性与安全性方面的平衡，容易导致政策制度失效。与发达国家不同的是，中国的劳动力市场存在一二级市场、体制内外市场的分割，劳动力市场制度的建设与规制更加复杂。未来的研究方向可能是，从实证的角度搞清楚我国各个市场的灵活性与安全性现状，以及各类劳动力市场政策所产生的影响，将欧洲经验与我国当前的实际情况相结合，设计我国的劳动力市场制度框架。

参考文献

1. Akerlof, George A..1984. Gift Exchange and Efficiency Wage Theory.American Economic Review, Vol. 74, pp.79-83.

2. Bertola, G.. 1990. Job security, Employment and Wages, European Economic Review, Vol.34, pp.851-886.

3. Card D. and A. Krueger. 1994. Minimum Wages and Employment: A Case Study of the Fast—Food Industry in New Jersey and Pennsylvania. The American Economic Review, Vol.84, No.5, pp.772-793.

4. Cörvers, Frank et al.. 2011. Labour Market Flexibility in the Netherlands—The Role of Contracts and Self-employment. CPB Netherlands Bureau for Economic Policy Analysis, p51.

5. Hartog, Joop. 1999. Wither Dutch corporatism? Two Decades of Employment Policies and Welfare Reforms. Scottish Journal of Political Economy, 46(4), pp.458-487.

6. Jan I Haaland, Ian Wooton. 2003. Domestic Labor Markets and Foreign Direct Investment. CEPR Working Paper, 3989, July, CEPR, London.

7. Keller, B. & H. Seifert. 2004. Flexicurity—The German Trajectory. Transfer 10(2), pp.226-247.

8. Lawrence F. Katz & Bruce D. Meyer. 1990. Unemployment Insurance, Recall Expectations, and Unemployment Outcomes. The Quarterly Journal of Economics. Oxford University Press, Vol.105(4), pp. 973-1002.

9. Lazear, E.P.. 1990. Job Security Provisions and Employment. The Quarterly Journal of Economics, Vol.105(3), pp.699-726.

10. Neumark, David, Mark Schweitzer and William Wascher. 2004. Minimum Wage Effects throughout the Wage Distribution. The Journal of Human Resources, Vol.39, No.2, pp. 425-450.

11. Nickell, S.. 1997. Unemployment and Labour Market Rigidities: Europe Versus North America. Journal of Economic Perspectives, Vol.11(3), pp.55-74.

12. OECD. 1994. Employment Outlook, Paris.

13. Peter Auer, Sandrine Cazes. Employment Stability in an Age of Flexibility: Evidence from Industrialized Countries, Journal of the Japanese & Economics, 18(2), pp.298-300.

14. Piore, Michael J.. 1986. Perspectives on Labor Market Flexibility. Industrial Relations, Vol.25, No.2, pp.146-166.

15. Stigler, G.. 1946. The Economics of Minimum Wage Legislation. The American Economic Review, Vol.36, No.3, 1946, pp.358-365.

16. Wilthagen, Ton and Martijn van Velzen.2004. The Road towards Adaptability, Flexibility and Security. Paper Prepared for the European Commission / DG Employment

Thematic Review Seminar on Increasing Adaptability for Workers and Enterprises, Brussels, September 21.

17. 程延园 . 就业保护法规与劳动力市场弹性 [J]. 中国人民大学学报, 2009(4).

18. 程延园 . 劳动合同立法如何平衡劳动者与企业的权益 [J]. 法学杂志, 2007(3).

19. 丁纯 . 欧盟劳动力市场的困境、成因与改革 [J]. 国际经济评论, 2006(11).

20. 董保华 .《劳动合同法》的十大失衡问题 [J]. 探索与争鸣, 2016(4).

21. 方浩 . 灵活性与安全性的两难抉择——OECD 国家就业保护制度改革及其启示 [J]. 人口与经济, 2013(1).

22. 侯冰然 . 英国劳动力市场的灵活化改革及其启示 [D]. 河北师范大学硕士学位论文, 2008.

23. 姜颖 .《劳动合同法》不仅不能废止更应落实到位 [N]. 工人日报, 2016-03-08(07).

24. 劳动保障部劳动科学研究所课题组 . 政策调整: 适应劳动力市场灵活性 [J]. 中国劳动, 2005(11).

25. 孔德威 . 西方国家劳动力市场灵活化改革的理论分析 [J]. 商业研究, 2006(19), .

26. 孔德威, 王莉 . 欧洲大陆国家劳动力市场的边缘灵活化改革及启示 [J]. 学术交流, 2009(8).

27. 刘艳丽 . 丹麦劳动力市场的灵活安全性分析 [D]. 河北师范大学硕士论文, 2007.

28. 楼继伟 . 要提高劳动力市场的灵活性 [J]. 财经界, 2016(3).

29. 桑德林•卡则斯, 伊莲娜•纳斯波洛娃 . 转型中的劳动力市场: 平衡灵活性与安全性 [M]. 北京: 中国社会保障出版社, 2005.

30. 沈琴琴 . 中国劳动力市场灵活性与安全性研究 [M]. 北京: 中国劳动社会保障出版社, 2014.

31. 王阳 . 劳动力市场灵活安全性研究述评 [J]. 经济学动态, 2010(11).

32. 肖巍, 钱箭星 . 全球化压力下的劳动力市场改革 [J]. 学术月刊, 2015(12).

33. 杨伟国, 苏静. 欧洲就业战略: 从就业抑制到就业激励 [J]. 欧洲研究, 2005(6).

34. 杨伟国, 唐穗. 欧洲灵活保障模式: 起源、实践与绩效 [J]. 欧洲研究, 2008(3).

35. 张原, 沈琴琴 . 平衡中国劳动力市场的灵活安全性——理论指标、实证研究及政策选择 [J]. 经济评论, 2012(4).

36. 曾湘泉, 汪雯 . 灵活就业的理论、实践及发展思路 [J]. 中国社会保障, 2003(6).

37. 张车伟 . 中国 30 年经济增长与就业: 构建灵活安全的劳动力市场 [J]. 中国工业经济, 2009(1).

38. 张坤 . 灵活化时代的劳动者权益保护：国际比较与我国的选择 [D]. 河北师范大学硕士学位论文, 2009.

39. 周申, 杨红彦 . 经济开放条件下劳动力市场灵活性与内资企业劳动生产率——基于中国省市和行业数据的经验研究 [J]. 国际贸易问题, 2012(3).

第三章

中国劳动力市场灵活性与稳定性的影响因素研究*

【摘要】考虑到制度性因素的影响最终要反映到市场各要素及其运行机制中，本文侧重于分析非制度性因素对劳动力市场的作用。从宏观因素来看，产业结构的调整、非正规就业的增加、技术进步的加速都加剧了中国劳动力市场的灵活性、降低了就业的稳定性。从微观因素来看，虽然受教育程度对劳动力市场的稳定性的影响带有不确定性，但人口因素与企业特征等因素均显示中国劳动力市场的灵活性在增加，而稳定性在下降。因此，各因素综合作用的结果必然使中国劳动力市场呈现灵活有余而稳定不足的特点。

劳动力市场中的就业灵活性与稳定性问题，直接关系到一个国家或地区经济运行的平稳性、企业的竞争力、劳动者的收入与福利、人们的工作与生活方式。20 世纪 90 年代以来，国内市场经济体制改革的深化催生了经济成分的多样化和就业形式的灵活化，依靠行政命令来主导经济运行的时代宣告结束，终身就业制逐步被打破，灵活用工形式增加，劳资矛盾凸显，就业不稳定性加剧，这

* 该论文写于 2011 年，是沈琴琴主持的国家社会科学基金项目“平衡中国劳动力市场灵活性与稳定性的模式研究”（项目编号：10BJY029）的阶段性研究成果。作者为沈琴琴、张艳华。

诸多问题均与劳动力市场运行有着密切联系。在实际中，市场的灵活性或稳定性主要取决于哪些因素？如何建立一个兼具灵活性与稳定性的完善的劳动力市场？是目前我国包括政府、企业、劳动者、学者在内的社会各界共同关心的问题。

一、文献综述

一些学者认为就业灵活性与稳定性之间是一种此消彼长的关系，就如同鱼和熊掌不能兼得一样，顾此便会失彼，要增加市场用工的灵活性，便要以牺牲稳定性为代价，反之亦然（James Heintz，2004；翁杰，2008）。如有研究指出西方发达国家在 20 世纪八九十年代以后，都实施了劳动力市场的灵活化改革，改革的结果是这些国家就业稳定性普遍下降（James Heintz，2004；翁杰，2008）。很多学者认为一国的政策法规、就业制度安排、工会的力量对劳动力市场的灵活性与稳定性起着举足轻重的作用。对于就业保护立法与政策对劳动力市场的影响，中外学者看法不一。西方一些学者认为欧洲劳动力市场中过度的雇佣保护政策是导致持续高失业率的主要原因，雇佣保护立法和劳动力市场灵活性之间存在内在的不一致性（Bentolila & Bertola，1990；Lazear，1990；Ljungqvist，2002）。David Card，Francis Kramanz 和 Thomas Lemieux（1999）对美国、加拿大、法国就业保护政策对工资、就业结构变化的影响作了详细的比较之后，指出较强的就业保护使得法国和加拿大的工资调整缺乏弹性，在面临需求振荡时，对失业的冲击比较大，而由于较为灵活的工资调整政策，美国在宏观需求不足时，可以通过降低工资率的方式来抑制失业率的提高。国内学者孔德威、刘艳丽、冀恩科（2007）则认为就业保护立法越严厉，就业就会越稳定，个人就业关系就会越持久；在一个周期中，较高的解雇成本在经济低迷时期会起到稳定就业的作用，当然也会使雇主在经济回升时期减少对工人的雇用。因此，就业保护立法越严厉，就业的动态变化就会越平缓。关于工会力量对劳动力市场灵活性的影响，有的学者指出，工会保护的目的是改善工会成员的就业条件，增强工人讨价还价的能力。但是过于强大的工会造成了工资的刚性，在技术结构变革时仍确保低技术工人的实际工资不变，造成了劳动力市场僵化（侯冰然，2007）。

与前面的研究不同，Daron Acemoglu（2002）则指出技术进步是影响劳动者就业稳定性的重要因素，但 Daron 同时认为技术进步对不同劳动者群体的冲击是不同的，不能一概而论。理由是技术进步扩大了对高技能人才的需求，降低了对低技能劳动力的雇佣，结果提升了高技能劳动力的劳动参与率和收入水平，而使得很多低技能劳动力经历了长时间的失业。Habibullah Khan 和 M. Shahidul Islam（2006）认为为了应对经济全球化，各个国家不得不采取一些提升效率的措施，如缩减贸易壁垒、限制垄断、国有企业的私有化、缩小公共部门的规模等来保持其在国际上的竞争力。这些改革的结果很可能造成良好就业机会的丧失、就业稳定性下降和新的失业的增加。

从现有研究来看，学者们倾向于从就业政策、制度、工会力量的角度来解释劳动力市场灵活性与稳定性的特点与变迁。但是我们认为制度性因素的影响最终要反映到市场各要素及其运行机制中，故本文侧重非制度性因素对劳动力市场的作用。下面的内容将分宏观因素与微观因素进行探讨。

二、宏观影响因素

（一）产业结构调整

产业结构的演进必然引起就业结构的调整。从 1980 年到 2008 年，中国第三产业产值由 21.6% 增长为 40.1%，增长了 18.5 个百分点，相应的同期第三产业的就业比重提高了 20.1 个百分点，成为吸纳城市劳动力的主要产业。一般认为，相对于第一产业与第二产业的工作，第三产业的服务性工作更具灵活性，工作稳定性更差。从产业内部构成来看，近年来增长较快的第二产业中的建筑业，第三产业中的交通运输、仓储和邮政业、批发和零售业、住宿餐饮业吸纳了大量城市低技能劳动力和农村转移劳动力，这些行业经营不规范，收入低、流动率高、缺乏可靠的社会保障，行业本身的特点决定了其就业岗位随市场需求的变动具有较强的灵活性。因此，虽然历史地看总体上中国就业总量在不断增加，但劳动力市场的动荡也在加剧，劳动者普遍感觉到就业质量与就业稳定性在下降，就业压力与危机感增强。

（二）非正规就业增加

1993 年第 15 届国际劳工统计大会将非正规部门界定为家庭拥有的、未形成公司或企业的经济生产单位。在非正规部门就业的人员包括在既定参考期内、在符合上述非正规部门标准的至少一个生产单位就业的所有人员，而无论其就业地位如何，也无论是否是其主要工作或第二职业。为了利用现有统计数据，对我国非正规就业的基本状况进行量化分析，我们对城镇非正规就业进行了相对简化的定义，即城镇非正规就业主要包括私营、个体经济中的从业人员和未纳入城镇就业类型（国有单位、集体单位、股份合作单位、联营单位、有限责任公司、股份有限公司、港澳台投资单位、外商投资单位、私营企业、个体）统计的农村外出务工人员。如图 1 所示，改革开放之后我国计划经济时期单一的国有、集体经济结构被打破，所有制结构的多元化从根本上决定了就业形式的灵活化，特别是 20 世纪 80 年代末 90 年代初和 20 世纪 90 年代末的两次“民工潮”，大量农民工涌进城市，受人力资本水平与就业制度的约束，多数人只能进入私营部门或正规部门的临时性岗位就业，非正规就业无论从数量上还是比重上都迅速增加。到 2008 年，非正规就业人数达到了 1.8 亿人，比重上升到 60.4%。非正规部门工资低、缺乏社会保障，劳动环境差、工作稳定性低，使得劳动力市场呈现出明显的不稳定性。

非正规就业的增加不是中国特有的现象，主要发达国家除美国外，在1985—2005年20年间，以非全时就业比例[①]反映的非正规就业比例同样也呈明显的增加态势。增加幅度最大的国家是荷兰，在20年中，非全时就业比例增加了16.7%；德国次之，增加了11.2%；紧随其后的是日本，增加了7.8%。这表明，在大多数发达国家中，非全时就业占就业总量的比例越来越高，已经成为劳动力市场中的普遍现象。

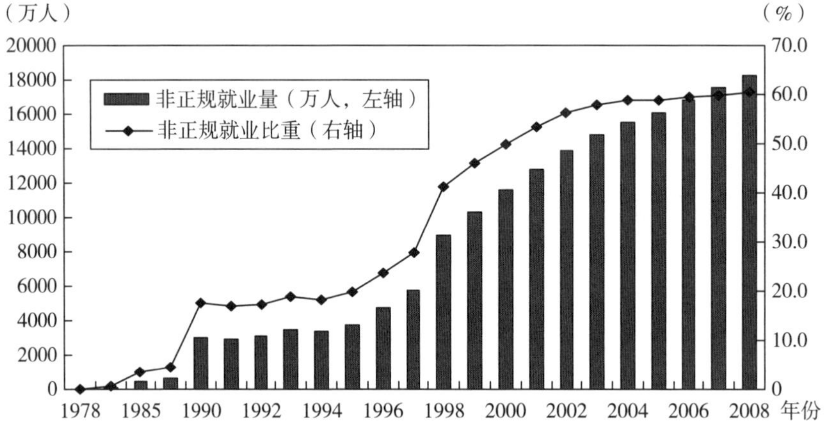

图1　1978—2008年非正规就业变动情况

数据来源：根据《中国统计年鉴（2009）》计算所得。

非正规就业的增加提高了解雇率，也增加了就业率，较高流动性意味着失业时间的缩短与长期失业率的降低。较高流动率与较低的失业期限和失业率结合起来，一方面使得劳动力市场面临的不确定性增加，稳定性下降；另一方面又降低了劳动力市场的僵化，减弱了僵化造成的结构性失业。因此，非正规就业对劳动力市场的影响是双重的。

（三）技术进步加快

20世纪90年代以来，以计算机为代表的信息技术带动的技术创新改变了

① 欧美国家的非全时就业指的是一周工作时间少于30小时，而日本指的是少于35小时。

工业化时代的经济结构。技术进步从三个方面导致了就业稳定性与工作本身稳定性的下降。

第一，以信息技术为支撑的新兴技术行业不断涌现和发展，扩大了对懂技术、会管理的知识型人才的需求，传统的制造业在竞争中逐步被淘汰，降低了对低技能劳动力的雇佣。2004 年以来，中国在东南沿海、长三角地区、东北老工业基地频频出现的“技工荒”，与各地普遍存在的农民工就业难共存的现象便是真实的反映。一方面，高级技术人才供不应求，“5000 元”高薪聘不到高级技工；另一方面，大量农民工就业不稳定，经常面临失业和工资拖欠的风险。也就是说技术进步在增加了高素质劳动者的就业机会和收入水平的同时，将低素质劳动者排挤出劳动力市场或挤压到传统的低技术部门，降低了低素质劳动者的就业稳定性。

第二，技术进步使得组织结构和人力资源趋于虚拟化。信息技术的发展和应用促进了企业组织结构的改变，原来以员工专业化程度高、职业界限明确为特征，适应于大规模生产，追求规模经济的企业专业化层级组织，正逐渐演变成决策权下放、以顾客关系为导向、成员多技能和多任务交叉以及职业界限模糊化的柔性化团队组织。在一些现代化的企业里，员工不需坐在拥挤的办公室，在家里就可以通过网络协作，共同完成一项任务。企业还可以从外部临时招聘人员，并通过网络参与某个短期的项目工作。过去 20 多年间，专门从事业务代理的形形色色的中介服务公司与代工企业迅速增加，实体企业很多非核心业务和生产程序可以通过外包的方式来完成。这种虚拟化的组织结构和人力资源结构，打破了传统的按照严格分工建立起来的工作结构，降低了工作本身的稳定性。

第三，技术进步缩短了企业的生命周期。信息技术的发展，使企业可以在全球范围内组成虚拟化研究与开发组织，同时可以迅速地利用现有的研究成果，使新产品从开发、设计到生产、销售的节奏大大加快。为了缩短产品生命周期，以最短的时间抢占市场，企业之间的竞争达到了白热化的程度，激烈的竞争使企业的生命周期不断缩短。据《广州日报》报道，广州中小企业在巨大的生存压力下，每天有十几家退出市场，平均存活期只有 2.9 年。由于中国 90% 以上的企业是中小企业，有人推算，中国企业的平均寿命约为 3.5 岁。中小企业快速成长、快速倒闭，造成劳动力市场极大的震荡，降低了劳动力市场的稳定性。

三、微观影响因素

（一）就业人口的性别结构

当今世界，虽然女性解放了，可以独立自主地决定参与社会活动，但由于男性与女性长期在社会与家庭中的分工不同，女性更多地承担了照顾老人、小孩和家庭的责任，她们一方面要参与市场活动，赚钱养家、实现自我价值，另一方面还要承担家务劳动，为了平衡工作与生活的关系，与男性相比，女性更倾向于从事灵活性的、非全日制的工作，就业的稳定性更差。因此，不仅就业总量，而且经济活动人口中性别结构的变动也会影响到劳动力市场的稳定性。世界银行提供的数据显示，大多数发达国家近年来女性劳动参与率有明显的提高，如日本、加拿大、法国、德国、意大利、荷兰、俄罗斯、西班牙和英国，这也是 21 世纪以来这些国家小时工、兼职工等灵活就业形式逐步增加的重要原因。中国虽然从 2000 年到 2006 年，由于女性受教育程的提高，劳动参与率有所降低，但中国近年来一直是世界上女性劳动参与率最高的国家，这一点也使得中国劳动力市场灵活性的特点凸显，稳定性下降。

（二）适龄劳动人口年龄结构

据人口变动情况抽样调查推算数，中国在 2001 年 65 岁以上人口在总人口中所占比重为 7.1%，以后各年这一比重不断攀升，至 2008 年已达到 8.3%，说明中国的人口老龄化问题正逐步加重。近几年，这一问题已成为学术界关注的热点，然而，在人口老龄化背景下劳动力老化所产生的负面影响却极少受到关注。事实上，随着总体人口老龄化的加深，中国劳动力老化问题也逐步显现。国际劳工组织将劳动年龄人口中45岁及以上的劳动力界定为老年劳动力人口，劳动力老化主要表现为劳动年龄人口中，老年劳动力人口比重不断上升的过程（熊必俊，2002）。根据国家统计局每年所做的 1% 人口变动抽样调查数据计算，中国近 6 年来 45~64 岁人口在总人口中的比例上升很明显，2008 年比 2003 年提高了 4.1 个百分点，而 15~29 岁与 30~44 岁之间的青壮年劳动力比例则分别下降了 1.6 个、0.8 个百分点（见表 1），劳动力年龄结构呈现老化的趋势，而且男性劳动力老化程度更严重。有关预测显示，未来劳动力老化的形势更加严峻，45 ~ 64 岁的老年劳动人口比例总体上会持续上升，直到 2035 年达到峰值 44.18%，随后 15 年基本稳定在 44% 左右（杨道兵、陆杰华，2006）。就此来看，中国的人口老龄化不仅是退出劳动力市场的老龄人口比重上升，还是整个劳动力队伍的高龄化。

表 1　　2003—2008 年劳动人口年龄结构　　单位：%

年份	劳动年龄组								
	15~29 岁			30~44 岁			45~64 岁		
	总	男	女	总	男	女	总	男	女
2003	22.8	11.6	11.2	26.7	13.6	13.2	21.9	11.0	10.8
2004	22.1	11.1	11.0	27.2	13.7	13.6	22.8	11.6	11.2
2005	21.1	10.5	10.6	26.9	13.3	13.6	23.3	11.8	11.5
2006	21.4	10.8	10.6	27.1	13.3	13.8	23.8	12.0	11.8
2007	21.4	10.8	10.6	26.8	13.3	13.5	24.6	12.4	12.2
2008	21.2	10.8	10.5	25.9	12.8	13.0	26.0	13.1	12.9

数据来源：据《中国人口和就业统计年鉴》（2004—2009年）提供的每年人口变动情况1%抽样调查推算数计算。

发达国家的人口老龄化是伴随着经济实力的增强、社会保障能力提高、医疗技术的进步而自发产生的,政府有充足的财力应对老龄化带来的一系列问题。而中国总体人口的老龄化是在经济不发达、综合国力不强的情况下出现的，老年人口负担比的不断增加对养老和医疗保障系统提出极大的挑战。除此之外，由于高龄劳动力体力和智力下降，创新思想不足，接受新技术的速度较慢，而技术的不断革新将促使新的行业、新的工种不断涌现，传统的行业逐渐被淘汰，老化的劳动力较难适应产业结构的调整步伐,必然会加剧劳动力市场的不稳定，加重就业压力。

（三）受教育程度

一般认为，受教育程度与劳动者的就业稳定性呈现正相关关系，文化程度越高者，就业的稳定性越强，文化素质越低者就业越不稳定。但是，近年来，国内外的众多实证研究发现，受教育程度与劳动者的就业稳定性之间的关系是不确定的。翁杰（2006）调查了浙江省 68 家企业，对劳动合同类型的估计结果表明，企业倾向于向那些教育程度低的员工提供较为长期的合同，教育程度高的员工获得的反而是较短期合同，员工人力资本状况对企业雇佣决策的影响并不像经验判断所预示的那样，这一结果多少有些出人意料。Peter Auer 和 Sandrine Cazes（2003）用就业期（一个工人被同一雇主持续雇用的时间长度）考察了工业化国家劳动者文化水平特征对就业稳定性的影响。结果显示，不同国家不同年份受教育程度对平均就业期的影响差异很大，让人吃惊的是只有丹麦、德国和卢森堡 3 个国家高学历雇员比低学历雇员的就业期长，比利时、法国、爱尔兰、荷兰、瑞典、日本则正好相反，学历愈低的雇员就业期愈长，学历愈高的雇员就业期愈短，还有很多国家则表现出处于中等受教育程度的雇员的就业期最短。这些研究说明学历水平对劳动者就业稳定性的影响具有不确定性。

（四）企业特征

据很多研究表明，企业规模、企业所有制性质、企业战略等特征也是影响企业雇佣期限决策的重要因素。一项对德国劳动力市场的实证研究发现，雇员在大公司与生产性企业的就业期更长（Bellman，Bender and Hornsteiner，2000）。Burgess、Pacelli 和 Rees （1997）在运用微观数据比较意大利和英国的就业期时，也发现就业期随公司规模的扩大而变长。这些学者认为这主要是由于大公司员工能够得到更多的在职培训,因此他们留在原公司的时间会更长。据中国中小企业协会会长李子彬透露，中小企业占中国企业总数的99%以上，对 GDP 的贡献超过 60%，对税收的贡献超过 50%，提供了近 70%的进出口贸易额，创造了 80%左右的城镇就业岗位。这些数字说明中小企业是中国经济的主体，企业总体规模比较小，而小企业通常缺乏长远规划，对人才不够重视，在收入、培训、社会保障等方面也缺乏激励，使得企业人员流动率比较高。另外，相对于外资企业员工，国有企业员工获得的劳动合同期限显著较长，民营企业员工获得中、长期合同的概率也明显较高。除了企业规模与所有制性质外，企业的竞争战略也是决定企业雇佣期限决策的关键因素，崇尚技术创新和差异化战略的企业更倾向于保持稳定的雇佣关系，其中的主要原因在于，企业的技术创新战略的实现离不开员工高水平的专用性人力资本积累，而稳定的雇佣关系是员工进行高水平专用性人力资本积累的必要条件（翁杰，2006）。

四、结论与讨论

基于上述分析可以看出，在市场化经济体制改革深化的过程中，产业结构的调整、技术进步、女性较高的劳动参与率、劳动年龄人口的老化、企业规模偏小等因素均使得中国劳动力市场的稳定性有所下降，灵活性不断增加。劳动力市场这一变化特征引发了一系列发人深省的社会经济问题，如劳资纠纷问题、群体性事件问题、收入分配的公平性问题、农民工的社会保障制度问题以及企业人力资本积累问题等。过于不稳定的劳动力市场对员工、企业和整个社会的消极影响正在逐渐暴露出来，对于员工而言，灵活的就业除了给他们的心理带来紧张、压力、不安全感外，频繁变换工作使他们承受了太多的工作搜寻成本，同时也影响到了他们对自己职业生涯的规划。对于企业来说，员工的高离职率不仅增加了企业的招聘成本，也降低了对员工进行培训投资的愿望，不利于企业专用性人力资本的形成。对于整个社会来说，不稳定的劳资关系是引发社会矛盾，诱发不稳定因素的重要原因。因此，对于中国这样一个处于经济加速、各种社会矛盾突显的发展中国家来说，通过继续完善劳动就业保护立法，严格执法力度，消除劳动力市场中的不公平因素，健全对于农民工等弱势群体的社会保障制度，建立一个稳定有序的劳动力市场，对于促进经济的健康发展具有重要意义。

参考文献

1. Bertola, G..1990. Job Security, Employment and Wages. European Economic Review, Vol.34, June, pp.851-886.

2. Bentolila, S. and G. Bertola.1990. Firing Costs and Labor Demand in Europe: How Bad Is Eurosclerosis？ Review of Economic Studies, Vol.57（3）, July, pp.381-402.

3. Bellmann, L., Bender, S., Hornsteiner, U.. 2000. Job Tenure of Two Cohorts of Young German Men 1979–1990: An Analysis of the（West-）German Employment Statistic Register Sample Concerning Multivariate Failure Times and Unobserved Heterogeneity Social Sciense Electronic Publishing.

4. Burgess, Simon & Pacelli, Lia & Rees, Hedley.1997. Job Tenure and Labour Market Regulation: A Comparison of Britain and Italy using Micro Data. CEPR Discussion Papers 1712.

5. Daron Acemoglu. 2002. Technical Change, Inequality, and the Labor Market.Journal of Economic Literature, Vol. 40（1）, March, pp.7-72.

6. David Card, Francis Kramanz and Thomas Lemieux. 1999. Changes in the Relative structure of Wages and Employment: A Comparison of Canada, France, and the United States, Canadian Journal of Economics, Vol. 32 (4), August, pp.843-877.

7. Habibullah Khan & M. Shahidul Islam. 2006. Outsourcing, Migration, and Brain Drain in the Global Economy: Issues and Evidence, U21 Global Working Paper No.004, pp.1-19.

8. James Heintz..2004. Beyond Sweatshops: Employment, Labor Market Security and Global Inequality, Antipode, Vol. 36, March, Issue 2, pp.222-226.

9. Ljungqvist, L..2002. How Do Lay-off Costs Affect Employment, Economic Journal, Vol. 112, October, pp. 829-853.

10. Peter Auer and Sandrine Cazes. 2003. Employment Stability in An Age of Flexibility: Evidence from Industrialized Countries, ILO Publication, Geneva, pp.36-41.

11. Resolution concerning statistics of employment in the informal sector, 1993.

12. 侯冰然 . 英国劳动力市场的灵活化改革及其启示 [D]. 河北：河北师范大学硕士学位论文，2008.

13. 孔德威，刘艳丽，冀恩科 . 灵活化时代的就业稳定性分析 [J]. 生产力研究，2007（4）.

14. 翁杰 . 基于雇佣关系稳定性的人力资本投资研究 [D]. 浙江大学博士学位论文，2006.

15. 翁杰，周必彧，韩翼祥 . 中国大学毕业生就业稳定性的变迁——基于浙江省的实证研究 [J]. 中国人口科学，2008（2）.

16. 翁杰，周必彧，韩翼祥 . 发达国家就业稳定性的变迁：原因和问题 [J]. 浙江工业大学学报（社会科学版），2008，7（2）.

17. 熊必俊 ."富国俱乐部" 如何应对老龄化 [J]. 中国社会保障，2002（9）.

18. 杨道兵，陆杰华 . 我国劳动力老化及其对社会经济发展影响的分析 [J]. 人口学刊，2006（1）.

第二篇

人力资本与收入差距

收入差距问题历来是劳动力市场关注的热点问题，尤其以城乡收入差距问题为甚，关于这方面的研究成果非常丰富：有的从城市化导向的政策制度视角进行解释，有的从以户籍制度为代表的劳动力市场分割制度进行阐述。本篇主要运用人力资本理论，从人力资本投资、积累差异的视角予以分析。

本篇包括第四章和第五章两章内容。

在20世纪七八十年代，我国曾经位于世界收入分配平均化程度最高的国家前列，市场经济体制改革之后，伴随着经济的高速增长，城乡差距不断拉大，最大的时候城镇人均可支配收入与农村人均纯收入之比达到3.3。如果将城镇居民享有的各种实物性福利补贴、社会保障福利等因素考虑进去，城乡居民收入差距可能达到6倍。这背后的原因究竟是什么？该如何解释？第四章内容对此作了具体的回答。这一章在对城乡教育公共投入差异分析的基础上，主要以新经济增长理论模型为分析框架，运用分省的面板数据，估计了人力资本及其外溢效应对城乡收入差异的影响。研究发现人力资本对农村的回报率高于城市，但农村人力资本具有明显的净外溢效应，改变现行的城市倾向的教育投资政策，实施教育经费向农村倾斜的政策将有助于缩小城乡差距。这一章内容为这个领域的研究提供了新的证据。

城乡差距在微观层面表现为城乡居民的收入差距，在宏观层面主要表现为城乡经济增长的差距。众多学者从历史发展的视角、城乡“二元”经济政策的角度等方面分析了城乡经济增长差距的原因，但这些因素都是外因，这些外在因素最终要通过劳动力素质发挥作用。尤其是在数字经济时代，地区之间的经济增长越来越依赖于人力资本的积累，人力资本在经济社会发展中的基础性、先导性和全局性地位日益突显。本篇第五章运用内生经济增长理论阐述了我国城乡经济增长与人力资本积累之间的关系，指出城乡之间劳动力受教育程度、人口健康状况的巨大差距，是造成城乡经济增长不平衡的重要原因。并从人力资本内生性的角度提出，要打破农村人力资本“低投资—低积累—低收益—低投资”的恶性循环状态，缩小城乡之间经济发展差距，政府需为农村的发展注入新鲜血液，加大教育、医疗卫生保健等领域的投资。

第四章

教育公共投入、人力资本外溢效应与城乡收入差距 *

【摘要】在对城乡教育公共投入差异分析的基础上，本文运用卢卡斯的新经济增长理论框架，采用面板数据常用的固定效应模型估计了人力资本及其外溢效应对城乡收入差异的影响。实证研究发现，人力资本对城乡收入增长均有较强的促进作用，且农村人力资本的产出弹性明显高于城市。但是，与城市相比，农村人力资本的外溢效应不仅严重偏低，而且为负，这在一定程度上拉大了业已存在的城乡差距。最后，本文对这一结果给出了解释，并阐明了其政策含义。

一、引言

市场经济体制改革以来，中国经济保持了持续快速发展的势头，但与此同时城乡间、地区间、行业间的收入差距也呈现出不断扩大的态势，中国正由一

* 该论文写于 2011 年，是中国劳动关系学院院级项目“城乡收入差距扩大化：一个人力资本的视角”（立项号：10YYB024）的阶段性成果。

个收入分配平等的国家逐渐转变为一个收入分配差距很大的国家。在各类收入差距中尤其以城乡差距为甚，已有研究表明，我国与其他国家相比，如果仅看货币收入差距，或者名义收入差距，津巴布韦的城乡收入差距比我国稍高一点，但如果把非货币因素考虑进去，我国城乡收入差距是世界上最高的（李实、岳希明，2005）。有学者测算，若将城镇享有的各种实物性补贴、公费医疗、职工享受的养老、失业保险和最低生活费救济等因素考虑进去，城乡居民真实的收入差距可能达到6倍（宫晓霞，2006）。

收入差距问题历来是学界关注的热点问题，截至目前，国内外学者对城乡收入差距的成因进行了大量的研究，取得了丰硕的成果，概括起来主要有三类观点：①制度与政策决定论。林光彬（2004）认为社会等级关系和市场经济相互作用形成的分配关系是城乡收入差距扩大的根本原因。社会等级关系与市场经济本身有不断扩大城乡收入差距的趋势，而国家执行扶强扶优的政策，进一步加剧了城乡收入差距的扩大。陆铭、陈钊（2004）运用1987—2001年间省级面板数据的估计结果显示，中国持续扩大的城乡收入差距与地方政府实施的带有城市倾向的经济政策有密切关系。程开明、李金昌（2007）根据1978—2004年的时序数据，对城市偏向、城市化与城乡收入差距的动态关系进行了计量分析，结果发现，城市化与价格、财政支出、固定资产投资、金融等城市偏向政策是造成城乡收入差距扩大的原因，对城乡差距扩大产生较大的正向冲击。②劳动力市场决定论。Shi等（2002）运用9个省的健康和营养调查数据考察了中国城乡收入差距的影响因素，将未能得到解释的城乡收入差距的42%和小时收入的48%归因于劳动力市场扭曲。运用同样的数据，Shi（2002）控制了户籍制度的影响后，发现户籍制度可以直接解释28%的城乡收入差距。户籍制度是一种具有中国特色的制度安排，由于这一制度性因素造成农村迁移者与城市居民相比的歧视性待遇，这些歧视包括农民工在寻找就业时，遇到行业进入和岗位获得的歧视；在他们能够进入的行业和岗位上，他们继续在工资、社会保障和福利、工作条件和环境等方面受到歧视性待遇。由于歧视的存在，流动劳动力的工资受到教育水平和工作努力之外的制度因素影响，使劳动者的人力资本即对教育、健康和工作经验的回报也相应被扭曲，这种被人为分割的劳动力市场制度限制了劳动力的自由流动，也阻碍了农村劳动力收入水平的提高和城乡收入差距的收敛（蔡昉，2005）。③人力资本决定论。20 世纪 80 年代，以罗伯特·卢卡斯（Robert Lucas）、保罗·罗默（Paul Romer）为代表的新经济增长理论详细阐述了人力资本促进经济增长的原理，提出了人力资本是经济增长的发动机的论断。按照这一理论，人力资本积累差异是造成城乡间、地区间、国家间产出差异的重要原因。20 世纪 90 年代后，很多学者对此做了大量实证检验。如 Mankiw，Romer 和 Weil（1992）的实证研究发现，要素投入的差异——特别是人力资本方面的差异，解释了 80% 以上的跨国收入差别。姚先国、张海峰（2004）在 Mincer 于 1958 年和 1974 年构建的工资方程的基础之上，加入了户籍、婚姻、资历、职业、培训等更多控制变量，利用浙江、广东、湖南、安徽等省的抽样调查数据估计了我国的教育回报率，并对城乡进行了对比研究，发现总体上来说我国教育回报率近年来有所提高，但还不是很高，特别是城乡之间的教育回报率存在着较大的差距，城镇的教育回报率为 8% 左右，而农村仅有 4%，这是造成城乡差距的重要原因。郭剑雄（2005）借助贝克尔、墨菲和塔玛拉（Gary S. Becker , K. M. Muphy & M. M. Tamura）模型，把生育率和人力资本同时整合在一个经济增长模型中，解释了长期以来中国城乡之间的人均收入差距。并指出城乡收入差距调节政策的主要着眼点，应是提高农村居民的人力资本水平和降低其生育率。侯风云（2007）在利用内生增长理论对城市和农村人力资本溢出效应的表现进行了区分，指出城市人力资本主要表现为内溢效应，农村人力资本溢出效应则主要表现为外溢，并且强调了正是由于人力资本在城乡间的这种不同的溢出效应，造成了城市对农村的一种无形的“剥夺”。朱长存、马敬芝（2009）从广义人力资本外溢性的概念出发，对最近几年农村人力资本外溢性价值及其对城乡收入差距的影响进行了初步估算，结果表明超过四成的城乡收入差距是人力资本外溢因素造成的。

综上文献可知，现有研究多将政策性、制度性因素以及劳动力市场的扭曲作为当前城乡收入差距的主要原因，毋庸置疑，对于处于加速变革时期的中国而言，这些解释具有广泛的认可度。但是，这类研究对于以下两个问题难以给出有效的回答：第一，从各国的发展历程来看，城乡收入的差距多数会随着劳动力的流动而消失。而中国经历了历史上最大规模的劳动力向城市流动，城乡差距不仅没有缩小，而是逐步扩大了。第二，农民在民主政治秩序中、在收入分配领域总是处于弱势地位，这其中除了一些有失公平的制度安排之外，有无农民本身人力资本匮乏方面的原因呢？虽然上述很多研究表明人力资本积累差异是导致城乡差距的重要原因，部分研究也认可农村人力资本外溢对城乡差距扩大的作用。然而，多数文献尚未将人力资本的外溢性纳入实证分析框架中，这在一定程度上限制了研究成果的推广和应用。本文将在新经济增长理论模型框架下，运用面板数据估计人力资本及其外溢效应对城乡收入差异的影响，为这个领域的研究提供新的证据。

本文后面的内容安排如下：第二部分为城乡教育公共投入分析；第三部分为理论模型设定；第四部分为有关变量及数据来源的说明；第五部分为计量模型估计及结果分析；第六部分为主要结论与政策含义。

二、城乡教育公共投入

城乡收入不平衡，与长期以来的城乡人力资本投资差距，特别是人力资本中最重要的构成教育的投入是分不开的。教育作为一种重要的公共品，尤其是基础教育，政府负有主要的投资责任。虽然近十年来中国经济总量保持了年均 8% 以上的增长，但是教育投入占 GDP 的比重始终未有太大的改观，到 2007 年才突破 3%，而发达国家早在 20 世纪 80 年代就超过了 5%。在总体教育经费有限的条件下，向城市倾斜的投资政策更导致农村教育资源的短缺，财政向农村基础教育投入的比重远远低于城镇。从纵向来看，虽然城乡教育投入相对差距在逐步缩小，但到2008年，城镇初中生均教育经费仍高于农村29%，小学高于农村21%（见表1）。

表1　　2000—2008年城乡生均教育经费投入

年份	初中生			小学生		
	城镇（元）	农村（元）	城镇/农村	城镇(元)	农村（元）	城镇/农村
2000	1787.7	884.4	2.02	1049.7	647.0	1.62
2001	1970.2	1013.7	1.94	1262.8	797.6	1.58
2002	2193.0	1129.2	1.94	1483.3	953.7	1.56
2003	2400.7	1210.8	1.98	1675.5	1058.3	1.58
2004	2537.9	1496.7	1.70	1897.3	1326.3	1.43
2005	3187.6	1819.9	1.75	2320.6	1572.6	1.48
2006	3279.8	2190.3	1.50	2471.9	1846.7	1.34
2007	4169.4	2926.6	1.42	3103.9	2463.7	1.26
2008	5157.3	4005.8	1.29	3758.8	3116.8	1.21

数据来源：表中数据由《中国教育经费统计年鉴》（2001—2009）提供的相关数据计算得到。需要说明的是该年鉴中只提供了全国生均经费与农村生均经费的数据，表中城镇生均教育经费数据是在假设城乡小学和初中学生比例与城乡总人口比例一致的前提下，根据全国城乡人口比例推算出来的。

教育经费投入的差异直接导致教学设施、师资力量的差距，并最终导致教学质量的差距。接受义务教育的学生67.4%在农村，但让学生获取知识和信息的图书馆、科技馆、博物馆等公共教育设施却多分布在城市。在信息经济时代，电脑、网络已经成为城市生活工作的必需品，而对于很多农村学生而言还遥不可及。农村不仅硬件设施差，教学设施短缺、实验器材匮乏，而且师资力量也比较薄弱。农村工作条件差、工资福利低、教师培训再教育机会少，对优秀师资缺乏吸引力，高学历、高职称的教师少，素质普遍低于城市。很多教师教学理念落后、知识结构老化，跟不上教育改革的步伐，很难适应素质教育的要求。城乡教育经费分配失衡必然造成教育质量的差距，进而导致教育回报率的差异。除此之外，教育具有累积性，基础教育的质量影响和决定着学生接受更高层次教育的机会，从现实的情况来看，越是重点院校，农村学生的入学率越低，城市学生的入学率越高。

三、理论模型设定

早在 1958 年，美国经济学家雅各布·明塞尔（Jacob Mincer）就对人力资本的收益率（教育的收益率）及其对收入分配的贡献进行了计量研究，但这一研究主要适用于微观领域，在测度主要体现在宏观层面的人力资本的外溢性方面存在一定的缺陷，而在这方面卢卡斯的新经济增长模型有很大的优势。卢卡斯在新古典经济增长模型的基础上，把人力资本因素纳入分析框架。他认为人力资本不仅具有内在效应，可以提高劳动力自身的生产效率，而且具有外在效应，这种效应可以解释为一个拥有较高人力资本的人可以对他周围的人产生更多有利的影响。它可以从一个人扩散到另一个人身上，从一个地区扩散到另一个地区，从一种产品扩散到另一种产品，正是这种外在效应使得所有生产要素的生产率都得到提升，使人力资本成为经济增长的不竭源泉。据此，卢卡斯推断只要人力资本增长不停止，人力资本的外溢效应就会无限地增长，而且社会平均人力资本水平越高，人力资本的外溢效应越大。从这个意义上，卢卡斯得出了人力资本积累是经济增长的“发动机”的论断，从而提出了他的人力资本外溢模型。模型的具体表达形式为：

$$N(t)C(t)+K(t)=AK(t)^{\alpha}[u(t)h(t)N(t)]^{1-\alpha}h_a(t)^{\beta} \tag{1}$$

其中，$N(t)$ 为总人口量，$C(t)$ 为人均消费，$K(t)$ 为当期的资本存量，A 为外生给定的当前的技术水平，$u(t)$ 表示工人用于生产的时间，$1-u(t)$ 为工人用于人力资本积累的时间，$h(t)$ 为工人所具有的人力资本水平，$h_a(t)^{\beta}$ 为人力资本的外部效应。

考虑数据的可得性，将卢卡斯的模型简化为如下形式：

$$Y=AK(t)^{\alpha}H(t)^{1-\alpha}h(t)^{\beta}e^{u} \tag{2}$$

对（2）式两边取对数得：

$$\ln Y=\ln A+\alpha\ln K+(1-\alpha)\ln H+\beta h+u \tag{3}$$

式中 Y 表示总收入，$K(t)$、$H(t)$ 分别为物质资本与人力资本存量，$h(t)$ 代表人力资本的外部效应。α 与 $1-\alpha$ 分别为物质资本与人力资本的产出弹性。

卢卡斯在模型设定中沿用了索罗经济增长模型关于规模报酬不变的假设，但对此并未给出详细的解释。需要说明的是本文不关注各要素对产出的贡献程度，而是关心城乡人力资本的产出弹性及其外部效应的差异，不要求物质资本与人力资本的产出弹性之和必然为 1，故将模型形式设定如下：

$$\ln Y = \ln A + \alpha \ln K + \beta \ln H + \gamma \ln h + u \tag{4}$$

先前对于城乡收入差距的实证研究，多数采用抽样调查获得的截面数据或统计局提供的时间序列数据，相对于一维的截面数据和时间序列数据而言，面板数据（Panel Data）至少有两个方面的优点：第一，由于观测值的增多，可以增加自由度并减少了解释变量间的多重共线问题，提高了估计量的精度；第二，面板数据建模可以比单截面数据建模获得变量更多的动态信息，并且可以减轻单截面回归估计可能存在省略变量偏误（Omitted Variable Bias），这是使用一维数据模型所不可比拟的。

基于面板数据的优越性，本文采用分省的面板数据来进行回归，模型的一般形式设定如下：

$$\ln Y_{it} = \alpha \ln K_{it} + \beta \ln H_{it} + \gamma \ln h_{it} + \eta_{it} + u_{it} \tag{5}$$

其中 $i=1，2，3，\cdots，N$，表示 N 个个体；$t=1，2，3，\cdots，T$，表示已知 T 个时期。参数 η_{it} 表示模型的截距项，α、β 是相对应解释变量的待估计系数。随机误差项 u_{it} 相互独立，且满足均值为零、等方差的假设。

根据截距项 η 的不同，（5）式的模型有三种形式：

第一，η 固定，无论时间上还是截面上回归系数 α、β、η 都不变，该模型称为不变参数模型或混合回归模型，此时可以将面板数据混合在一起，采用普通最小二乘估计法（OLS）估计参数。

$$\ln Y_{it} = \alpha \ln K_{it} + \beta \ln H_{it} + \gamma \ln h_{it} + \eta + u_{it} \tag{6}$$

第二，η 不固定，为随机变量，对于 i 个不同省份（或 t 个时期）有 i 个不同的截距项，且其变化与解释变量相关，此时，模型为固定效应模型。表示对于不同省份或时期而言，截距项不同而解释变量的斜率相同。

$$\ln Y_{it} = \alpha \ln K_{it} + \beta \ln H_{it} + \gamma \ln h_{it} + \eta_i + u_{it} \quad (7)$$

第三，η不固定，为随机变量，且其分布与解释变量无关，此模型称为随机效应模型。

$$\ln Y_{it} = \alpha \ln K_{it} + \beta \ln H_{it} + \gamma \ln h_{it} + \eta_i + u_{it} \quad \eta_i \sim iid(\eta, \delta_\eta^2) \quad (8)$$

模型设定的形式选择决定了估计结果的有效性，本文究竟采用混合回归模型、固定效应模型还是随机效应模型，取决于后面实证部分的检验结果。

四、变量及数据说明

本文计量模型使用数据为2000—2008年的分省面板数据，由于西藏部分变量的数据缺失，为保证数据的平衡性，不包括在样本内。各变量说明如下：

总收入（Y）：分别由城镇居民人均可支配收入与农村居民人均纯收入乘以城乡人口得到。其中收入数据来自《中国农村统计年鉴》，人口数据来源于《中国人口与就业统计年鉴》和《中国人口年鉴》。

物质资本存量（K）：代理变量为城乡固定资产投资存量，对这一变量首先用各地区的固定资产投资价格指数作了修正处理，在此基础上运用永续盘存法计算，计算公式为：

$$k(t) = I(t) + (1-\delta)k(t-1) \quad (9)$$

其中$k(t)$与$k(t-1)$分别为t、t–1期的固定资产存量，$I(t)$为经过价格削减的实际投资额，δ为折旧率。物质资本存量的计算关键在于基期及折旧率的选择。现有的研究中，基年选择一般以1952年或1978年为基准。从理论上说，基年选取的时间越早，基年资本存量估算误差对重点关注的后续年份的影响越小。基于数据的限制和计算工作量的考虑，本文把 2000 年的资本存量设为资本存量的初始值。在折旧率 δ 的选择上国内外学者的分歧很大[①]，由于技术进步加快，物质资本的折旧也随之加速，故本文将龚六堂和谢丹阳的设定方式，假定折旧率为 10%。这部分计算物质资本存量的数据主要来源于《中国农村统计年鉴》《中国固定资产投资统计年鉴》和《中国物价统计年鉴》。

人力资本存量（H）：诺贝尔经济学奖得主美国经济学家舒尔茨提出的人力资本，是包括教育、在职培训、健康、迁移四种形式在内的知识、技能和经验的积累，由于培训、健康、迁移人力资本的数据难以获得，本文人力资存量本用教育指标来替代，人力资本存量采用教育年限法进行计算。首先，将城乡各地区全部劳动力按照受教育程度进行分类，然后按照不同劳动力的受教育年限进行加权求和。具体计算方法采用下列公式：

$$H_t = \sum_{i=1}^{6} HE_{it} \times h_i \tag{10}$$

上式中，H_t 为 t 年人力资本总存量，HE_{it} 为 t 年第 I 学历层次劳动力人数，h_i 为第 I 学历水平的受教育年限。其中 HE_{it} 数据来自《中国人口统计年鉴》和《中国人口与就业统计年鉴》。对于 h_i 的确定，根据近年来国家统计局对受教育程度的划分，主要分为五个层次，分别为不识字或识字很少、小学、初中、高中、大专及大专以上，按照学界对各教育层次教育年限常见的赋值办法，上述五个层次分别赋值为 0 年、6 年、9 年、12 年、16 年。

人力资本外部效应 $h(t)$：所谓人力资本外部效应在卢卡斯人力资本模型中用全社会平均人力资本水平来反映，在同类实证研究中通常用人均受教育年限来衡量，在本文中也用人均受教育年限来做代理变量。

---

① 帕金斯（Perkins，1998）、王小鲁和樊纲（2000）、王岩和姚玉栋（2003）均将折旧率假设为 5%；杨格（2000）假定为 6%；龚六堂和谢丹阳（2004）则将全国与各省统一假设为 10%。

五、模型估计与结果分析

（一）模型估计

估计动态面板数据模型的重要前提是面板数据必须是平稳的，否则可能导致“虚假回归”（Spurious Regression）的结果。因此在对模型进行估计之前需要做的工作是对面板数据的残差进行单位根检验，以便判断序列是否平稳。本文采用适用于相同根情形的 Levin-Lin-Chu（简称 LLC）检验和 Breitung 检验，以及不同根情形的 Im、Pesaran 和 Shin W-stat（简称 IPS）检验、ADF-Fisher Chi-square 检验与 PP-Fisher Chi-square 检验，分别对城乡总收入模型的 $\ln y$、$\ln k$、$\ln h$、$\ln h(t)$ 四个序列的平稳性进行检验。检验结果显示除了城市的 $\ln y$ 序列在 IPS 检验、ADF-Fisher Chi-square 检验下难以拒绝存在单位根的原假设，农村的 $\ln Y$ 序列在 IPS 检验下不能拒绝存在单位根的原假设外，其余序列的五种检验均在 5% 的显著性水平下拒绝存在单位根的原假设，这表明城乡模型中涉及的序列基本是平稳的，回归结果是有效的。

在确保模型各序列平稳的基础上，接下来需要明确模型的设定形式，这主要依赖两种检验。一是 F 检验，用来验证模型中不同个体的截距是否相同。表 2 的 F 检验结果显示，在 1% 的显著性水平下拒绝模型中不同截面有相同截距的原假设，即拒绝建立混合模型并采用 OLS 来估计。二是 Hausman 检验，用来验证个体效应与解释变量是否相关，据此来判断模型设定应为随机效应形式还是固定效应形式。随机效应与固定效应历来是 Panel Data 争论的焦点，Mundlak（1961）认为固定效应模型具有估计的优势，而且没有理由像随机影响模型那样假设把个体影响处理为与其他回归变量不相关，是坚定的固定效应的支持者。而 Balestra 和 Nerlove（1966）却认为总是应该把个体影响处理为随机的，是随机效应的支持者。直到 Hausman 检验（Hausman，1978）出现，才使得这一争论有了一个科学的依据。表 3 的 Hausman 检验结果表明，应当拒绝个体效应与解释变量无关的原假设，即拒绝建立随机效应模型，承认各地区不可观测的政策制度等因素是与解释变量相关的，所以，本文应建立固定效应模型。

表 2　　　　F 检验结果

Effects Test	农村			城市		
	Statistic	d.f.	Prob.	Statistic	d.f.	Prob.
Cross-section F	7.1580	(29，237)	0.0000	29.8059	(29，237)	0.0000
Cross-section Chi-square	169.8502	29	0.0000	414.7878	29	0.0000

表 3　　　　Hausman 检验结果

Correlated Random Effects – Hausman Test	农村			城市		
Test Summary	Chi-Sq. Statistic	Chi-Sq. d.f.	Prob.	Chi-Sq. Statistic	Chi-Sq. d.f.	Prob.
Cross-section random	58.2287	3	0.0000	131.7952	3	0.0000

回归时，由于本文截面个数大于时序个数，所以采用截面加权估计法（Cross Section Weights，CSW），以减少由于截面数据造成的异方差的影响。运用 Eviews6.0 软件的回归结果如表 4，限于篇幅的限制各省的固定影响系数未予报告。

表 4　　　　人力资本对城乡收入的影响：固定效应回归结果

解释变量	农村方程		城市方程	
	系数	P 值	系数	P 值
C	1.804297***	0.0067	4.080464***	0.0000
LnK?	0.361171***	0.0000	0.370946***	0.0000
LnH?	0.301080***	0.0000	0.287388***	0.0036
Lnh（t）?	-0.302229	0.1161	0.699431***	0.0158
R-squared	0.948058		0.928848	
F-statistic	3807.050		6422.799	

续表

解释变量	农村方程		城市方程	
	系数	P 值	系数	P 值
Prob(F-statistic)	0.000000		0.000000	
Durbin-Watson stat	1.716326		1.549293	

注：***表示在1%的显著性水平下通过检验。

（二）回归结果分析

从结果来看，总体回归效果良好。农村与城市两个方程的拟合优度都达到了 0.9 以上，解释变量的系数除了农村的 $\ln h(t)$ 外，均在 1% 的显著性水平下通过了检验。虽然 DW 值显示模型有一定的序列相关的嫌疑，但还是在可接受的范围之内。城市方程各变量的系数均为正，这符合模型的预期，表明物质资本、人力资本及平均人力资本对城市收入均有促进作用。农村方程的人均人力资本的系数为负，表明人力资本外溢效应为负，这与卢卡斯模型的预期不符，多少有点出人意料。为什么会出现这种状况呢？其背后的原因是什么？这是本文重点关心的问题。在分析其原因之前，有必要对人力资本的外溢性作一些解释。

学界最早对人力资本溢出效应进行系统阐述的是美国经济学家卢卡斯，他认为人力资本对经济增长的作用机制有两种效应，即内部效应与外溢效应。其中内部效应是指人力资本的拥有者通过人力资本的积累而获益，提高自身的生产率，而外溢效应是指人力资本的增长有助于提高物质资本等其他要素的生产效率，但是个人并不因此而受益。在卢卡斯看来，人均人力资本水平愈高外溢效应愈大，人力资本水平愈低外溢效应愈小。本文中用人均受教育年限来作为人均人力资本水平的代理变量，农村人均受教育年限平均低于城市 2~3 年（见图 1），因此，农村人力资本的外溢效应远远低于城市。

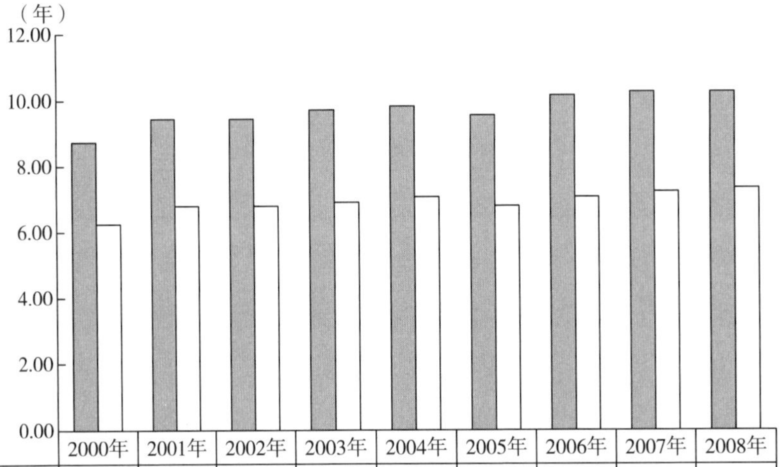

	2000年	2001年	2002年	2003年	2004年	2005年	2006年	2007年	2008年
■ 城镇	8.72	9.49	9.49	9.73	9.83	9.57	10.15	10.26	10.28
□ 农村	6.23	6.75	6.75	6.88	7.00	6.78	7.03	7.18	7.28

图 1　城乡人均受教育年限

数据来源：根据《中国人口与就业统计年鉴（2001—2009）》计算得出。

不仅如此，回归结果显示农村人力资本外溢效应为负，这说明农村人力资本不仅没有对本区域内的其他生产要素的效率提高起到促进作用，甚至起到了负作用。有些学者运用“门槛效应”来解释人力资本的外溢效应，即受教育程度低于某一水平时，教育的私人收益率和社会收益率都很低，而一旦超过这一“门槛”，教育便具有较高的私人收益率和社会收益率（Iranzo Susana and Giovanni Peri，2006）。本文认为这主要是因为卢卡斯的研究范围侧重于一国或地区内，没有考虑到人力资本在区域间的流动，事实上，随着我国城乡人口流动政策的放宽，从 20 世纪 80 年代开始，大规模的农村人口流向城市，据国家统计局监测调查结果显示，截至 2010 年，全国农民工总数达到了 2.42 亿人。规模巨大的人口流出造成农村人力资本的流失，表现为人力资本的外溢效应没有在区域内发挥应有的作用，而是产生了对城市的溢出，促进了城市收益的增加。为什么人力资本不是从城市流入农村，而是相反？这主要源于资本的本质，按照马克思的说法，资本是逐利的，人力资本也不例外。在当前，城市人力资本的边际报酬率明显高于农村，在资本趋利性的驱动下，必然引致人力资本由农村向城市的流动。城市凭借国家政策的长期倾斜、良好的基础设施和投资环境吸引了数量众多的农村高素质人口，城市本地的人口则很少流向农村，人力资本表现为净内溢效应。

对于双对数模型，系数即投入产出弹性。回归结果显示，与城市方程相比，农村方程的人力资本系数高于城市，物质资本系数低于城市，说明农村人力资本的产出弹性高于城市，而物质资本的产出弹性低于城市。但是不能就此说明人力资本对农村收入的贡献大，对城市收入的贡献小。很显然城市人力资本具有较强的外溢效应，在不考虑总体人力资本存量增加的影响下，人均受教育年限每增长 1%，就会带来 0.699% 的收入的增加。按照 2008 年的人均受教育水平和人口计算，城市人均受教育年限每提高 1 年，就会产生人均收入增长 1070 元的外溢效应。相反，农村人力资本的增长没有形成对农村地区应有的回报，而是通过人口流动的形式，将这种外溢效应溢出到了城市，增加了城市的回报。

六、主要结论与政策含义

综上研究，可以得出以下三点结论。第一，宏观地看，人力资本对城乡收入增长均有较强的促进作用，而且农村人力资本变量的系数高于城市，说明改变现行的城市倾向性的教育投资政策，转以实施教育经费向农村倾斜的政策将有助于增加农村收入，缩小城乡差距。第二，农村人力资本在区域间表现为明显的净外溢效应，城市则为强劲的净内溢效应，一正一反使得业已存在的城乡差距进一步拉大。问题的关键在于城市的净内溢效应并非完全是市场因素使然，我国从工业化初期到现在一直实施的是城市优先发展的战略，在这种战略导向下国家财政的天平长期向城市倾斜，因此，可以说在很大程度上，城市的吸引力是政府创造的。第三，虽然回归结果显示人力资本对收入的作用没有物质资本重要，且人力资本外溢效应为负，但这并不意味着平衡城乡差距主要通过更多的物质资本投入来实现，正如林毅夫、刘培林（2003）所证实的那样，如果通过固定资本等投资政策可以彻底解决收入差距问题，就无法解释改革开放之前中西部地区得到了大量投资却仍然与东部地区有较大的经济差距的事实。在笔者看来，劳动者是生产力当中最能动的生产要素，资本等生产要素的利用效率取决于劳动者的素质，若没有高素质的劳动者与之匹配，再高端的资本设备也难以产生应有的效率。

基于中国当前的现实和上述研究结论，本文的发现有三个明显的政策含义。第一，虽然近年来财政对农村教育的投资增幅在增加，但城乡之间仍有很大差距，本文及众多研究证明人力资本对收入的促进作用是显著的，因此，不论是从社会公平的角度看，还是从提高农民收入、缩小城乡差距的角度看，都应该实行向农村倾斜的人力资本投资战略。第二，农村人力资本的产出弹性高于城市，说明实施向农村倾斜的人力资本投资战略不仅是公平的，而且在经济上是有效的。第三，任何资本都会流向高收益的区域，当一个区域内的人力资本形成后，如果区域内具备人力资本发挥作用的条件，通常人力资本不会发生流动，表现为区域内的内溢效应。反过来，若区域内基础设施、政策、人文等环境条件差，阻碍人力资本作用的发挥，则任何理性经济人都会选择向报酬高的区域迁移，造成区域内人力资本的外溢。因此，在当前要改变农村人力资本净溢出的现状，需要政府承担起责任，向农村增加道路通、农田水利等基础设施、农业科研、农村文化建设等方面的投资，增加农村对高素质劳动力的吸引力，缓解农村人力资本的过度流出。

参考文献

1. Gary S. Becker, Kevin M. Muphy and Mark M..1990. Tamura, Human Capital, Fertility and Economic Growth.Journal of Political Econamy, Vol. 98, No. 5, Part 2, October , pp. S12-S37.

2. Iranzo Susana and Giovanni Peri. 2006.Schooling Externalities, Technology and Productivity: Theory and Evidence from U.S. States.NBER Working Paper, No.12440.

3. Lucas Robert. 1988. On the Mechanics of Economic Development, Journal of Monetary Economics, 22, pp.3-42.

4. Mankiw Gregory, David Romer and DavidWeil. 1992. A Contribution to the Empirics of Economic Growth. Quarterly Journal of Economics, 07, pp.407-437.

5. Mincer, J..1974.Schooling, Experience and Earnings. New York. NY. Columbia University Press.

6. Romer Paul, 1990, Endogenous Technological Change, Journal of Political Economy 98, pp.71-102.

7. Shi, Xinzheng. 2002. Empirical Research on Urban-Rural Income Differentials: The Case of China. Forthing-coming. CCER, Beijing University.

8. 蔡昉 . 农村剩余劳动力流动的制度性障碍分析——解释流动与差距同时扩大的悖论 [J]. 经济学动态, 2005(1).

9. 程开明, 李金昌 . 城市偏向、城市化与城乡收入差距的作用机制及动态分析 [J]. 数量经济技术经济研究, 2007(7).

10. 宫晓霞 . 缩小城乡居民收入差距与建立农村社会保障制度 [J]. 东岳论丛, 2006(3).

11. 郭剑雄 . 人力资本、生育率与城乡收入差距的收敛 [J]. 中国社会科学, 2006(35).

12. 侯风云 . 中国人力资本投资与城乡就业相关性研究 [M]. 上海: 上海人民出版社, 2007.

13. 胡荣才, 冯昶章 . 城乡居民收入差距的影响因素——基于省级面板数据的实证研究 [J]. 中国软科学, 2011(2).

14. 李实, 岳希明 . 中国城乡收入差距世界最高 [J]. 理论参考, 2005(4).

15. 林光彬 . 等级制度、市场经济与城乡收入差距扩大 [J]. 管理世界, 2004(4).

16. 林毅夫, 刘培林 . 中国的经济发展战略与地区收入差距 [J]. 经济研究, 2003(3).

17. 陆铭, 陈钊 . 城市化、城市倾向的经济政策与城乡收入差距 [J]. 经济研究, 2004(6).

18. 孙宁华,堵溢,洪永淼 . 劳动力市场扭曲,效率差异与城乡收入差距 [J]. 管理世界 2009(9)

19. 徐淑红、李忠富、王永华 . 基于 PIM 国家投资农村固定资产资本存量的测算 [J]. 统计与决策, 2009(6).

20. 姚先国, 张海峰 . 中国教育回报率估计及其城乡差异分析——以浙江、广东、湖南、安徽等省的调查数据为基础 [J]. 财经论丛, 2004(6).

21. 姚先国，张海峰．教育、人力资本与地区经济差异 [J]. 经济研究，2008（5）.

22. 张车伟．人力资本回报率变化与收入差距："马太效应"及其政策含义 [J]. 经济研究，2006（12）.

23. 张艳华．农民前劳动力市场歧视之反思 [J]. 中国工人，2010，（11）.

24. 朱长存，马敬芝．农村人力资本的广义外溢性与城乡收入差距 [J]. 中国农村观察，2009（4）.

第五章

从人力资本的角度看城乡经济增长差距 *

【摘要】 本文运用内生经济增长理论探讨了我国城乡经济增长与人力资本积累之间的关系，结果表明，城乡之间劳动力教育人力资本、人口健康人力资本积累的巨大差距，是造成城乡经济增长不平衡的重要原因。但必须认识到人力资本积累不是外来给定的，是人力资本投资形成的结果，而人力资本投资又受到经济发展水平以及家庭收入水平的影响。就农村当前的实际情况来看，经济发展水平低，农民收入增长缓慢，人力资本的循环运动呈现一种“低投资—低积累—低收益—低投资”的恶性循环状态，要改变这种状况需要政府继续加大农村教育、医疗卫生等方面的投资力度，推动农村人力资本走向良性循环，从而缩小城乡经济发展差距，真正实现城乡协调发展。

一、引言

改革开放以来，中国经济取得了举世瞩目的成绩，但是中国仍然是一个发展中国家，总体经济发展水平较低，城乡之间经济发展差距大。众多经济学专家、

* 本论文写于 2008 年。

学者从历史发展的角度、城乡“二元”经济政策的角度等方面阐述了城乡经济发展不平衡的原因，但笔者认为这些因素都是外因。在知识经济时代，一个国家或地区在市场竞争中的优势地位，主要不是依靠物质资源，而是依靠掌握先进思想、科学技术和创新能力的高素质人才，地区竞争能力越来越依赖于人才资源的质量和创新水平，越来越依赖于人力资本的积累，人力资本在经济和社会发展中的基础性、先导性和全局性地位日渐突出。世界各国都把“提升人力资本”确立为国家发展的核心战略，纷纷改革教育与人力资源开发体制，设立专门机构，制定国家人力资源开发政策。如英国为了促进学校教育与职业培训的统一，把教育部与劳动部合并，成立了“教育与就业部”；日本也从2001年开始，将文部省与科学技术厅、文化厅合并，成立了“文部科学省”，把全国的“教育、学术、体育以及文化与科学技术政策”有机地统一起来，旨在培养具有创造性的人才；美国为吸引和争夺优秀人才，专门为高级人才颁发H–IB签证（高书国，2005）。简言之，在当今信息飞速发展的时代，从根本上决定一国或地区经济发展的主要因素不是物质资本，也不是其他生产要素，而是人力资本。

二、城乡经济发展变化分析

（一）城乡经济增长不平衡特点突出

由于在公开发布的统计资料中无农村与城镇总产出的独立统计，在本文中分别用第一产业与第二、第三产业之和的国内生产总值来代替。随着农村产业结构的升级、经济多元化的发展，用第一产业产值来代替农村总产出会存在一定程度的低估，用第二、第三产业产值替代城市总产出有一定程度的高估成分，但不可否认农业仍然是农村经济构成中最重要的组成部分，第二、第三产业产值在城镇总产出中占有绝大比重，因此这种处理方式基本能反映城乡间经济增长的总体特征。该部分数据主要来自《中国统计年鉴（2007）》。考虑物价因素变化的影响，名义总产出用各产业的产值价格指数进行了调整。

从 1978 年至 1995 年，城乡经济总产出差距比较稳定。在 1995 年之后，伴随着市场经济体制改革的深化、工业化进程的推进，城市第二、第三产业得到了迅速发展，城乡经济增长差距不断扩大。1996 年城乡经济总产出差距为 2332 亿元，2001 年与 2003 年差距扩大到了 3000 亿元以上。城乡间经济发展不平衡不仅反应在经济总产出的绝对差距，而且也体现在经济增长率的差异方面，从 1978 年到 2006 年近 30 年城镇实际总产出年均增长率为 5.12%，农村实际总产出增长率为 4.10%，城市增长率比农村高约 1 个百分点。

（二）城乡居民收入差距明显并呈扩大态势

近年来居民收入两极分化趋势日益加剧，城乡差距的矛盾已经引起社会各方面的广泛关注。在改革开放之初，我国经济结构比较单一，分配方式主要实行的是按劳分配，当时的城乡收入差距比较小，1978 年为 209.8 元。1982 年家庭联产承包责任制的实施激发了农村经济的活力，城乡差距一度相对缩小，城镇与乡村居民收入比由 1978 年的 2.6 下降到 1985 年的 1.9。1992 年实施市场经济体制后，经济成分逐步多元化，城乡收入差距迅速拉大，由 1992 年的 1242.6 元扩大到 2005 年的 7238.1 元，城乡收入比也由 2.6 扩大到 3.2（见图 1）。如果考虑到城镇居民享有各种补贴、劳保福利和社会保障等隐性收入，城乡收入比则更高。

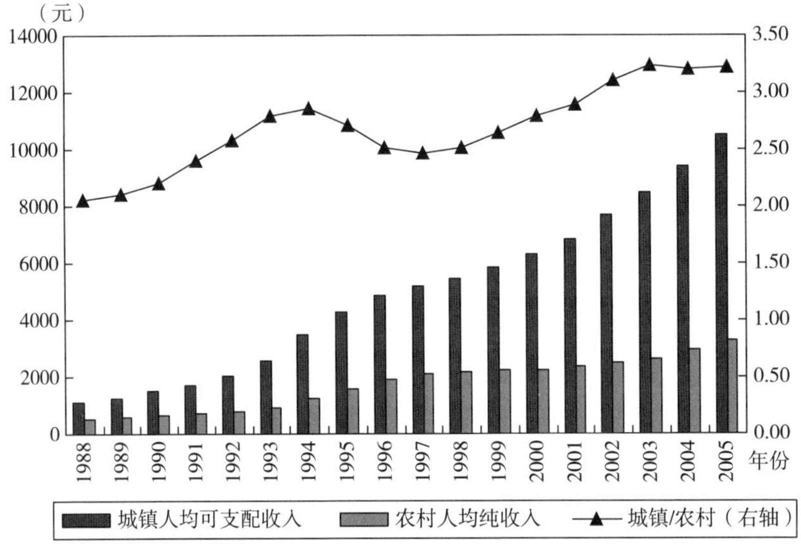

图 1　1988—2005 年城乡居民收入分配

资料来源：《中国统计年鉴（2006）》。

从横向比较来看（表 1），《中国统计年鉴（2006）》数据显示，城乡居民收入差距不仅明显且随着收入等级的提高，城镇居民人均可支配收入与农村居民人均纯收入差距逐渐扩大，如 20% 低收入户城乡居民人均收入差距为 2942.9 元，20% 中低收入户、20% 中等收入户、20% 中高收入户与 20% 高收入户城乡差距分别为 4692.3 元、6339.1 元、8600.1 元和 15240.6 元。城镇最高收入户与农村最低收入户人均收入水平相差 21920.8 元。

适当的城乡收入差距是农村劳动力向城市转移的动力，是各国工业化进程中共同存在的现象，而过高的差距，会使贫困阶层产生“仇富”心理，引起社会的不稳定。收入差距不断拉大的结果是贫困人口数量不断增加，就城镇来看，目前城镇贫困人口规模超过了 2000 万，占城镇人口的 5% 以上。如果从消费水平来衡量贫困人口或者进一步将进城打工农民工中的贫困人群考虑在内，城镇贫困人口的规模可能会超过 3000 万人（孔泾源等，2006）。

表 1 2005 年按收入五等分城乡居民收入

	低收入户	中低收入户	中等收入户	中高收入户	高收入户
城镇居民(元)	4010.1	6710.6	9190.1	12603.4	22988
农村居民(元)	1067.2	2018.3	2851	4003.3	7747.4
城镇 - 农村	2942.9	4692.3	6339.1	8600.1	15240.6

资料来源：《中国统计年鉴（2006）》。

三、城乡经济增长差距的人力资本原因

影响经济增长的因素有很多，人们的认识经历了一定的过程。美国经济学家熊彼特（1912）认为经济增长的根本动力在于企业家的创新活动，哈罗德—多马则将世界各国经济增长率的差异归结为资本积累的多少（哈罗德，1981；多马，1983），索洛认识到了技术进步在经济增长中具有决定性作用，但他把技术看成是外生的，按照他的模型，世界各国人均经济增长率应等于技术进步率，而技术进步是外生的，因此，长期中各国之间的经济增长率应趋于一致，这显然无法解释世界各国经济增长的不平衡性。直到 20 世纪 80 年代，内生经济增长理论的出现，才将人力资本纳入经济增长分析的框架，认为人力资本的积累是经济增长的决定性因素，即人力资本积累的差异是地区间经济增长不平衡的根本原因。

改革开放以来城乡经济发展差距日益扩大，这一问题不可否认与政府的城乡“二元”投资政策以及城乡产业结构分布等因素是分不开的，但是政策效果最终要反映到生产要素上来，而劳动力作为生产力中最活跃的要素，无疑在推动经济增长过程中发挥着重要的作用。需要强调的是现实中的劳动力不是同质的，而是存在着人力资本存量的差异，正是这种差异决定了城乡经济发展的不平衡性。

什么是人力资本？人力资本的差异如何衡量呢？美国经济学家、诺贝尔经济学奖获得者西奥多 W. 舒尔茨（Theodore W. Schultz）指出，人力资本是指人们花费在人力教育、保健、培训、迁移等方面投资所形成的资本，这种资本，就其实体形态来说，是活的人体所拥有的体力、健康、经验、知识和技能及其他精神存量的总称。从这一界定不难看出，人力资本主要体现为个人的受教育程度、身体健康状况、接受职业培训情况及迁移四个层面。由于劳动力培训与迁移方面的数据缺乏，本文主要从前两个方面来探讨城乡人力资本积累的差异。

（一）城乡劳动力文化程度差异大

虽然近年来我国劳动力文化水平总体上不断提高，但是城乡差异明显，2005 年乡村的文盲半文盲人口是城市的 5.53 倍、城镇的 5.57 倍，排除城乡本身的人口差异因素影响，用文盲比重来比较，乡村内部文盲率（乡村文盲半文盲人口 / 乡村 15 岁以上人口）比城市内部文盲率（城市文盲半文盲人口 / 城市 15 岁以上人口）与城镇内部文盲率（城镇文盲半文盲人口 / 城镇 15 岁以上人口）分别高 10.2 和 6.7 个百分点（见表 2），乡村文盲人口占全国文盲人口的比重为 72.7%，分别比城市与城镇的这一比重高 58.7 和 59.4 个百分点（见表 3）。相反，对于接受高层次文化教育的人口比重，乡村均大大低于城市，如乡村具有高中文化水平的人口占全国此类文化程度人口的比例为 27.8%，比城市低 22.8 个百分点；乡村具有大专及大专以上学历的人口比重更小，只占全国的 7.5%，城市与城镇的这一比重分别为 72.7%、19.8%，城乡劳动力文化水平差异由此可见一斑。文化层次按照由低到高排列，农村人口所占比重越来越小，而城市人口所占比重越来越大（见表 3）。

用人均受教育年限[①]指标来反映的城乡人力资本积累的差异更加直观，据计算在 1994 年前城乡劳动力受教育水平相差无几，1994 年后差距逐渐拉大。2006 年城乡人均受教育年限分别为 10.42 年和 8.10 年，差距达到 2.32 年。

表 2　　2005 年各地区分性别的 15 岁及以上文盲半文盲人口

	15 岁及以上人口（人）			文盲半文盲人口（人）			文盲半文盲占 15 岁及以上人口比例（%）		
	合计	男	女	合计	男	女	合计	男	女
全国	13664737	6786677	6878061	1508706	397877	1110828	11.04	5.86	16.15
城市	4008936	1984780	2024156	200274	42794	157480	5.00	2.16	7.78
城镇	2343316	1157431	1185885	199064	46315	152749	8.49	4.00	12.88
乡村	7312485	3644465	3668020	1109368	308768	800599	15.17	8.47	21.83

资料来源：《中国人口统计年鉴（2006）》。

表 3　　2005 年各地区按受教育程度划分人口比重　　单位：%

	全国	城市	城镇	乡村
6 岁及以上人口	100.0	28.1	17.1	54.7
未上过学	100.0	14.0	13.3	72.7
小学	100.0	18.0	15.0	67.0
初中	100.0	26.9	18.2	54.9
高中	100.0	50.6	21.6	27.8
大专及以上	100.0	72.7	19.8	7.5

资料来源：同上。

通过接受正规教育形成的文化知识积累是人力资本的最基本的组成部分，在人力资本积累中具有类似政府投资的“乘数”效应，它不仅本身可以形成人力资本，而且影响着劳动力以其他方式积累人力资本的潜力大小和效率高低。教育能够直接增加劳动者的知识和技能，是劳动力接受较高层次专业培训与实现职业转移的基础条件，教育赋予劳动力更高的生产效率、适应环境的能力。受教育程度较高的劳动力与受教育程度较低的劳动力相比，在其他条件相同的

① 人均受教育年限 = 不识字或少识字率 ×0+ 小学文化程度的劳动力所占比重 ×6+ 初中文化程度的劳动力所占比重 ×9+ 高中文化程度的劳动力所占比重 ×12+ 中专文化程度的劳动力所占比重 ×13+ 大专及大专以上文化程度的劳动力所占比重 ×15.5。

情况下能生产出更多的产品。劳动力迁移到一个新的环境，文化水平高的劳动力能较快地适应当地的人文、社会习俗与陌生的工作环境。因此，城乡间劳动力文化水平的差距是造成城乡劳动生产率差距的直接原因，而生产率差距又是导致生产力发展、经济增长的最重要的原因。

（二）城乡间健康人力资本积累差距大

人的身体是人力资本存在与积累的载体，良好的健康状况是人力资本实现保值和增值的重要保证，也是社会人力资本的重要组成部分。其内涵体现在以下几个方面：首先，教育、培训、地区之间迁移流动等人力资本的积累是以劳动者的人身健康为基础的，脱离了健康前提的个人知识与技能的增加是有限度的，或者说是不可能的；健康的体魄和充沛的精力能使劳动力单位时间的产出增加，劳动生产率提高；身体健康状况的改善意味着生病时间的减少、生命的延长、有效劳动时间的增加和劳动质量的提高，同时强健的身体也使得其他形式的人力资本能够在更长时间内发挥作用。

健康人力资本的积累通常由“婴儿死亡率”“孕产妇死亡率”“身体机能失能率”等指标来反映。

1．城市儿童健康状况优于农村儿童

儿童健康状况是衡量人群健康状况的重要指标，同时也是人力资本积累的基础，直接影响一个国家未来的人口素质，随着经济的发展以及社会有关部门重视程度的提高，我国儿童的健康状况得到了较大改善，城乡差距不断缩小（见图 2、图 3）。从 1990 年到 2000 年 10 年间，全国 5 岁以下儿童低体重率由 19.1%降为 11.2%，下降了 7.9 个百分点，农村由 22.6%下降到了 13.9%，下降了 8.7 个百分点，农村与城市的差距由 14.0% 下降到了 10.9%，城乡差距逐步缩小，但差距依然明显。同期全国儿童生长迟缓率由 33.4% 下降到了 16.1%，年均下降 1.73 个百分点，农村也由 41.4% 下降到了 20.5%，年均下降 2.10 个百分点，农村虽然下降幅度较大、下降速度较快，但直到 2000 年仍然高出全国平均水平 4.4 个百分点，比城市 10 年前的水平高 11.1 个百分点，可见，农村儿童在生长发育方面远远落后于城市儿童。

反映儿童身体健康状况的指标，除了上述低体重率与生长迟缓率以外，国际上更经常采用的是死亡率。从表 4 可以看出，无论是新生儿死亡率、婴儿死亡率，还是 5 岁以下儿童死亡率，无论是城市还是农村，我国儿童死亡率均呈大幅度下降趋势，1991 年到 2004 年全国新生儿死亡率、婴儿死亡率、5 岁以下儿童死亡率分别下降了 17.7 个、28.7 个、36 个千分点，农村中这三个指标下降幅度更大，分别下降了 20.6 个、33.5 个、42.6 个千分点，但因基数较大，至 2004 年儿童死亡率仍然较高，分别是城市的 2.06 倍、2.43 倍与 2.38 倍，比城市 13 年前还高 4.8 个、7.2 个、7.6 个千分点。

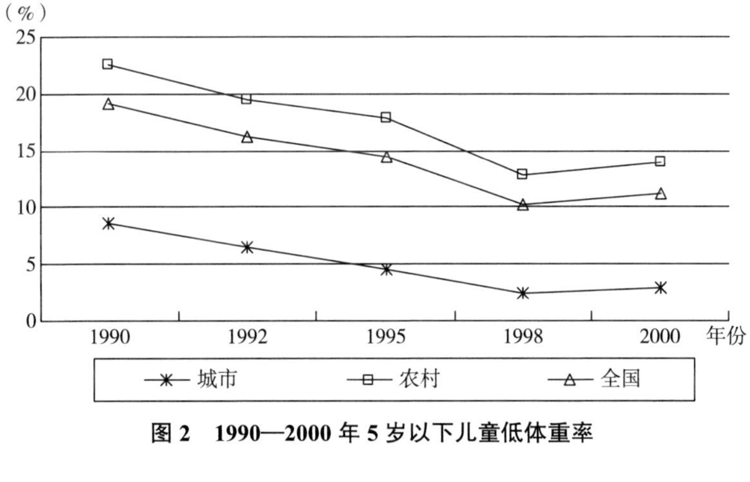

图 2　1990—2000 年 5 岁以下儿童低体重率

资料来源：陈春明，《十年来我国儿童营养状况以及营养改善的思路——十年来我国儿童营养状况的变化》，http://www.cinfo.org.cn/subject/adjunct/1601_085004.doc。

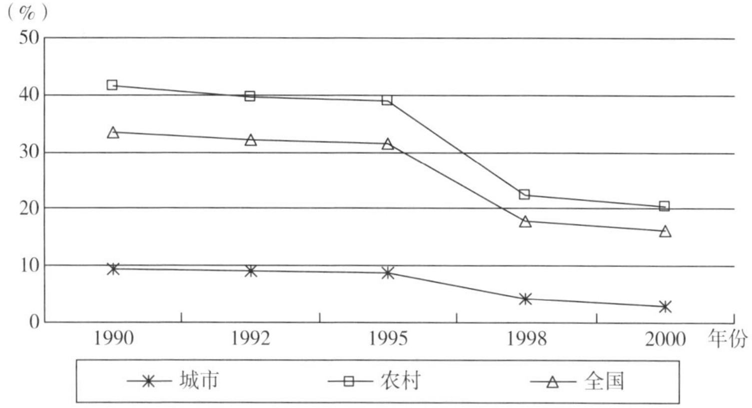

图 3　1990—2000 年 5 岁以下儿童生长迟缓率

资料来源：陈春明，《十年来我国儿童营养状况以及营养改善的思路——十年来我国儿童营养状况的变化》，http://www.cinfo.org.cn/subject/adjunct/1601_085004.doc。

表 4　　1991—2004 年监测地区儿童死亡率　　单位：‰

	新生儿死亡率			婴儿死亡率			5 岁以下儿童死亡率		
年份	合计	城市	农村	合计	城市	农村	合计	城市	农村
1991	33.1	12.5	37.9	50.2	17.3	58	61	20.9	71.1
1992	32.5	13.9	36.8	46.7	18.4	53.2	57.4	20.7	65.6
1993	31.2	12.9	35.4	43.6	15.9	50	53.1	18.3	61.6
1994	28.5	12.2	32.3	39.9	15.5	45.6	49.6	18	56.9
1995	27.3	10.6	31.1	36.4	14.2	41.6	44.5	16.4	51.1
1997	—	—	—	33.1	13.1	37.7	42.3	15.5	48.5
1998	22.3	10	25.1	33.2	13.5	37.7	42	16.2	47.9
1999	22.2	9.5	25.1	33.3	11.9	38.2	41.4	14.3	47.7
2000	22.8	9.5	25.8	32.2	11.8	37	39.7	13.8	45.7
2001	21.4	10.6	23.9	30	13.6	33.8	35.9	16.3	40.4
2002	20.7	9.7	23.2	29.2	12.2	33.1	34.9	14.6	39.6
2003	18	8.9	20.1	25.5	11.3	28.7	29.9	14.8	33.4
2004	15.4	8.4	17.3	21.5	10.1	24.5	25	12	28.5

资料来源：《中国卫生统计年鉴（2006）》。

2．城市孕产妇与 60 岁及以上老人身体状况优于农村

对城乡孕产妇死亡率与60岁及以上生活不能自理人口比重指标进行比较，不难看出城乡之间存在着巨大的健康差异。由图 5 可以看出，孕产妇死亡率指

标呈现出明显的农村高于全国、全国高于城市的状况，城乡差距表现出周期性地缩小、拉大的变化。除了个别年份外，农村孕产妇死亡率比城市高 1 倍以上，有些年份甚至达到了 2 倍以上，如 1999 年，城市孕产妇死亡率为 26.2/10 万，农村则达到了 79.7/10 万，城乡差距十分明显，2004 年农村孕产妇死亡率比 13 年前城市的这一比率还高 16.7 个 10 万分点。全国 60 岁以上人口生活不能自理率也呈现出同样的变动趋势（见表 5），不能自理率由大到小的顺序依次为农村—城镇—城市，2004 年农村人口生活不能自理率平均比城市高 3.4 个百分点，比城镇高 3.1 个百分点，比全国高 1.4 个百分点。

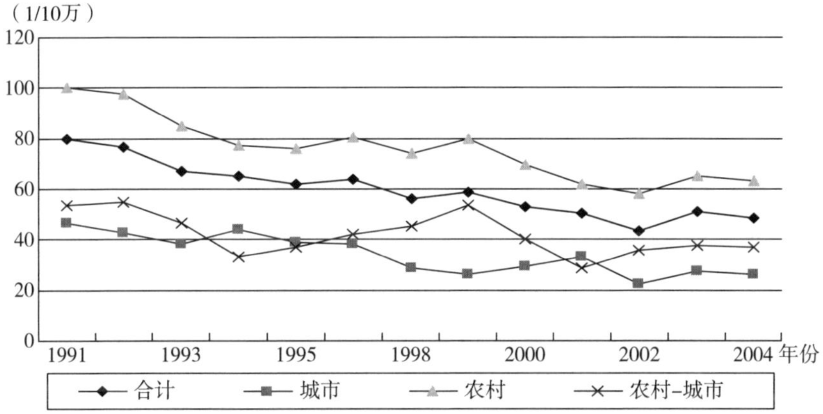

图 4　1991—2004 年全国及城乡孕产妇死亡率

资料来源：《中国卫生统计年鉴（2006）》。

表 5　2004 年全国 60 岁及以上分年龄生活不能自理的人口比率　　单位：%

年龄	全国	城市	城镇	农村
总计	8.8	6.8	7.1	10.2
60 ~ 64 岁	3.0	2.4	2.2	3.5
65 ~ 69 岁	4.8	3.8	3.7	5.6
70 ~ 74 岁	8.9	6.3	6.7	10.6
75 ~ 79 岁	14.2	11.3	11.0	16.2
80 ~ 84 岁	25.4	21.2	20.7	28.2
85 ~ 89 岁	36.2	34.5	33.6	37.7
90 ~ 94 岁	49.0	43.1	47.2	51.8
95 岁及以上	54.7	59.3	53.8	53.3

资料来源：《中国人口统计年鉴（2005）》。

以上分析表明，从纵向看农村儿童、妇女、老人健康状况有明显改善，健康人力资本水平有大幅度提高，但与城镇、城市相比仍有较大差距，农村儿童生长迟缓率、低体重率、死亡率、孕妇死亡率、老年人生活不能自理率均显著偏高，农村人口总体健康人力资本存量低于城镇。从微观角度来讲，人口健康状况的差异直接影响劳动力参与社会活动有效时间的差异和生产产品质量的差异；从宏观角度来看，人口身体素质会影响整个地区内社会劳动生产效率，进而影响该地区的经济增长速度。

四、结论与讨论

本文运用内生经济增长理论分析了我国城乡经济增长与人力资本积累之间的关系，结果表明，城乡之间劳动力受教育程度、人口健康状况的巨大差距，是造成城乡经济增长不平衡的重要原因，但是仅仅停留在这一点上的认识还是远远不够的。大部分学者在对人力资本进行定量分析时，均隐含了一个假定，即人力资本是外生的。但事实上，人力资本积累是人力资本投资形成的结果，而人力资本投资又受到经济发展水平以及家庭收入水平的影响，即人力资本是内生决定的。若把人力资本对经济增长、收入分配的贡献看作人力资本的收益的话，可以说人力资本投资、积累、收益各个环节之间不是独立的，而是相互作用、相互影响的。

现代人力资本理论普遍认为，人力资本的初始状态是一般劳动力，只有经过一定的投资才能形成人力资本。在当今知识经济时代，人力资本投资是形成掌握一定知识、技能的人力资本，实现经济、社会收益的必经途径。但是，就农村来说，人力资本投资的力度和强度又受到当前农民收入水平、政府的财政收入与投资倾向的影响。从纵向来看，我国农村无论是正规教育投资、卫生保健投资、职业教育与培训投资还是劳动力的迁移投资，也无论是政府投资还是家庭投资都呈逐年增长的态势。但从横向比较来看，不论是教育投资还是健康投资，也不论是政府投资还是家庭私人投资，农村与城市均有较大差距，体现了人力资本“收益”对“投资”的影响机制。虽然人力资本积累受多种因素影响，但最根本的决定因素还是人力资本投资状况。农村经济发展水平低，农民收入增长缓慢，再加上政府投资政策上的城市倾向性，造成农村人力资本投资的低水平，人力资本投资的不足又直接影响到农村人力资本的积累水平。

就当前农村经济发展水平和农民收入水平来看,若不考虑外界因素的干预，农民自身的投资能力非常有限，再加之当前教育、医疗卫生服务价格飞涨，农村人力资本的循环运动必然呈现一种“低投资—低积累—低收益—低投资”的恶性循环状态，城乡经济发展差距会进一步扩大。总体来看，现在整个国家的经济发展了，到了工业反哺农业，城市支持农村的发展阶段，政府作为公共品的投资主体有责任也有能力继续加大农村教育、医疗卫生方面的投资，为农村的发展注入新鲜血液，打破人力资本低水平恶性循环，推动其走向“高投资—高积累—高收益—高投资”的良性循环轨道，从而缩小城乡之间经济发展差距，走城乡一体化的发展道路。

参考文献

1. 多马. 经济增长理论 [M]. 郭家麟，译 . 北京：商务印书馆，1983.

2. 高文书. 进城农民工就业状况及收入影响因素分析——以北京、石家庄、沈阳、无锡和东莞为例 [J]. 中国农村经济，2006（1）.

3. 哈罗德. 动态经济学（黄范章译）[M]. 北京：商务印书馆，1981.

4. 钱雪亚，张小蒂. 中国农村人力资本积累及其收益特征 [J]. 中国农村经济，2000（3）.

5. 钱雪亚. 中国人力资本水平研究 [D]. 浙江大学博士学位论文，2005.

6. 舒尔茨. 人力资本投资 [M]. 蒋斌，张蘅，译 . 北京：商务印书馆，1990.

7. 王小鲁，樊纲. 中国地区差距的变动趋势和影响因素 [J]. 经济研究，2004（1）.

8. 张艳华 . 人力资本投资、积累、收益机制研究 [D]. 中国农业大学博士学位论文，2007.

第三篇

农民工就业

在城市化不断加速的背景下，农民工规模不断扩大，当前农民工数量占到了全国所有从业人员的37%，已经成为推动社会经济发展的重要力量。长期中城乡“二元”政策使得农民工被排斥在一级劳动力市场之外，主要在二级劳动力市场从事制造、建筑、批发和零售、居民服务、修理、住宿与餐饮业等工作，这些工作多数灵活性强、稳定性差，农民工的劳动经济权益难以被保障。本篇将围绕农民工就业的稳定性及其权益保障性问题展开研究。

本篇包括第六章和第七章两章内容。

就业稳定性问题一直是西方工业化国家学界和实务界长期关注的焦点问题，在我们国家这方面的实证研究成果不算很多。本篇第六章基于对农民工自身文化水平低、技能积累不足以及用人单位用工不规范的认知，预期农民工就业趋向短期化，就业稳定性不足，经常面临失业威胁，被迫频繁地变换工作。而过度的不稳定和灵活化必然产生不良的影响，如不利于农民工技能积累，损害农民工的收入安全，拉大城乡收入差距，产生社会排斥，不利于劳资和谐与社会稳定。带着这样的思考，第六章基于四个城市的实际调查，对于三个方面的问题给予了回答。一是农民工就业稳定性如何衡量；二是农民工就业稳定性水平究竟怎样；三是就业稳定性受哪些因素影响，哪些群体更容易面临经常性失业的风险。

长期中农民工就职于工资福利低、就业不稳定、社会保障程度低的二级劳动力市场，这使得他们经常面临工资被拖欠，休息休假权益、社会保障权益被侵犯的问题。工会是协调劳资关系的重要社会组织，《中华人民共和国工会法》明确规定了维护职工合法权益是工会的基本职责，农民工早已成为职工的一部分，工会这个“娘家人”是否维护了农民工的合法权益呢？对于大部分农民工而言，最急迫的事情莫过于获得稳定的就业岗位，拿到合理水平的工资，享有基本的社会保障，工会在这些方面是否确实发挥了作用？是否保障了农民工的合法劳动经济权益？本篇第七章利用国家卫计委（现国家卫健委）流动人口动态监测调查数据，估计了工会在保障农民工工资收入、工作时间（休息休假）、就业稳定性以及“五险一金”社会福利方面发挥的作用。

第六章

农民工就业稳定性及其影响因素研究 *

【摘要】 本文采用对四个城市的调查数据，测量了当前农民工就业稳定性状况，指标法与交叉统计分析法的结果表明，与城市劳动力相比，农民工工作转换更为频繁、工作任期和与用人单位签订的劳动合同期限更短，就业稳定性更差。普通最小二乘法（OLS）与 Multinomial Logit Model 的估计结果显示，性别、年龄、文化程度类的个人禀赋特征与工作技能、职位级别、所有制性质、工资集体协商制度、所在地区等均会对农民工就业稳定性产生重要影响。基于实证研究的结论，文章最后给出了促进农民工稳定就业的政策措施。

一、引言

关于劳动者就业稳定性的问题，一直是西方成熟市场经济国家理论界和政策制定者关注的重点。如果劳动力市场中已经就业的群体不能够获得

* 本文写于 2013 年。

高质量、稳定的工作，经常面临失业的危机，那么，这种不稳定的就业状态不仅会影响劳动者的收入水平和福利状况、企业的竞争力，还会影响整个社会的工作生活模式。因此，在西方发达国家劳动力市场的相关研究中，就业稳定性问题的重要性堪比失业问题（翁杰、周必彧、韩翼祥，2008）。在中国，1982 年农村实行了家庭联产承包责任制之后，生产效率得到了前所未有的提高，加之改革开放后城乡户籍制度松动，大量农村剩余劳动力流向城市。1992 年市场经济体制改革结束了公有制经济一统天下的局面，与之相伴的是就业形式的多样化和灵活化，终身就业制逐步被打破，灵活用工形式增加，劳资矛盾凸显，就业不稳定性加剧（沈琴琴、张艳华，2010）。据人力资源和社会保障部公布的数据显示，到“十一五”时期末，我国农民工总数达 2.42 亿人，占全国劳动力数量的 31% 以上。农民工自身文化素质低、劳动技能匮乏等因素，以及城市用人单位的歧视均使得劳动者就业期缩短，劳动者经常面临失业的威胁，游走于失业的边缘，被迫频繁地变换工作。过度的不稳定和灵活化严重地损害了劳动者的就业安全与收入安全，也产生了一系列诸如收入差距扩大、社会排斥和工作贫困等社会问题，严重威胁着劳动力市场雇员阶层，特别是劳动力市场中农民工等弱势群体的生活（孔德威、刘艳丽，2007）。因此，对于农民工就业稳定性的评判以及其影响因素的研究非常必要，这对于社会各界认清当前劳动力市场的运行的趋势与效果，制定正确、合理、有效的劳动力市场政策，促进社会就业具有重要的现实意义。

本文下面的内容结构安排如下：第二部分，回顾国内外关于劳动者就业稳定性的文献；第三部分，实证数据来源说明与变量的描述性统计分析；第四部分，结合现有文献中的指标，测量当前农民工就业的稳定性水平，形成对劳动力市场运行状况的判断；第五部分构建计量模型来检验影响农民工就业稳定性的因素；第六部分结论与政策含义。

二、文献回顾

关于就业稳定性的衡量，彼得·奥尔和桑德林·卡则斯（Peter Auer and Sandrine Cazes，2003）介绍了三类指标并作了大量研究。第一，工作任期，是用一个工人被同一雇主持续雇用的时间长度来评价长期的或总的工作稳定性状况，在彼得·奥尔和桑德林·卡则斯的研究中分性别、年龄、受教育程度等个人特征与工作特征比较了工业化国家平均就业期的变化。第二，离职率，即个人离开工作或被雇主解雇的比率，用来反映短期工作或劳动力市场的波动情况，彼得·奥尔和桑德林·卡则斯将之分解为从就业到非就业的非自愿离职率和从就业到就业的自愿离职率，显然前者会造成失业，有损劳动力市场的绩效，后者则有利于人与工作更好地匹配。第三，维持率和潜在就业期，n 年维持率是指一个人在 n 年后仍然为他目前雇主工作的可能性，潜在就业期由维持率推导得出，即指一个已经积累一定就业期的人将最终得到的可能的就业期，它表示一个人在未来仍然为雇主工作的可能性和该工作最长能持续多久。翁杰等（2008）在对中国大学毕业生就业稳定性的变迁研究中也采用了三类主要指标来衡量劳动力市场的就业稳定性，包括：劳动合同期限，指的是劳动者和用人单位在劳动合同中规定的劳动关系的持续时间；保留率，用来衡量某一群体劳动者为用人单位连续工作某一特定时间段而不发生工作转换的比例；工作经历数，即从毕业时间开始到调查截止时间之间，大学毕业生与多少用人单位建立过劳动关系。一些学者认为就业稳定性与灵活性就如同一个问题的两面，稳定性多一些则灵活性就会少一些。要增加市场用工的灵活性，便要以牺牲稳定性为代价（James Heintz，2004；翁杰，2008）。因此，对于灵活性的衡量方法也可适用于对稳定性的测评。国外学者对劳动力市场灵活性的界定情况大同小异。如 Peter Reilly（2001）将劳动力市场的灵活性分为五个方面，包括数量灵活性、功能灵活性、时间灵活性、距离灵活性或位置灵活性与薪资灵活性或财政灵活性。Atkinson（1984）把灵活性界定为外部数量灵活性、内部数量灵活性、功能灵活性与财务或工资灵活性。

综观欧美各国及中国的经济转型历程，政策制度变革是导致就业稳定性变化的一个重要因素，通常这些政策制度主要包括就业保护立法、最低工资制度、工会的力量等。从理论研究来看，就业保护立法的严格性对就业的影响带有不确定性。支持者认为通常就业保护立法越严厉，就业就会越稳定，个人就业关系就会越持久；就业保护立法越严厉，政府与工会的干预越多，就业的动态变化就会越平缓（孔德威、刘艳丽、冀恩科，2007）。反对者指出就业保护立法无助于就业问题的解决，反而会使失业人群增加（Sandrine Cazes and Alena Nesporova，2004； Lazear，1990）。关于最低工资管制究竟会不会损害就业，学界的看法也不尽相同。传统的观点认为，最低工资管制会提高用工成本，损害就业。而卡德与克鲁格（Card & Krueger，1994）利用双重差分方法对新泽西州和宾夕法尼亚州的研究结果却表明，最低工资管制没有明显地损害就业。工会是如何影响劳动就业的呢？Bertola（1990）认为在应对经济冲击中，工会可能通过设定最低工资标准，对提高工资和改良工资结构进行谈判，它能产生增加工资的压力，并导致更高的均衡失业水平。一些经验研究也发现，控制了工会密度和谈判协作后，其他条件不变的情况下，谈判覆盖率高的国家（如奥地利、法国和芬兰）比谈判覆盖率低的国家（如美国，日本和加拿大）有更低的就业率（陆雪琴、张旭昆，2011）。但是，工会也可能设定就业目标并接受限制工资增长的条件，以此来换取就业岗位的增加（Hartog，1999）。从丹麦、日本、法国、美国在灵活化时代的就业稳定性表现来看，尽管许多国家工作灵活性的确在增加，但这些国家整体劳动力市场是很稳定的，其主要原因在于总体稳定性不是由单个公司或雇主所决定的，而是取决于一个国家的社会对话、积极与消极的劳动力市场政策等制度的有效支持（Peter Auer and Sandrine Cazes，2003）。

仔细分析上述政策制度对就业稳定性影响的文献，可以发现这些因素的影响都不是单向的、绝对的，而是随国家的不同、研究对象的不同以及研究方法等不同而有所差异。但是有一点是相同的，即不论哪种制度保护均有一个限度，在这个限度内政策干预有助于促进就业，保护劳动者的就业安全，一旦超过这个限度，就会造成劳动力市场的僵化，不利于长期就业率的提高。

除了政策法律制度的影响外，技术进步、个人禀赋、职业特点、行业特征、所有制类型等因素均会对劳动者就业稳定性产生影响。美国经济学家达龙·阿塞莫格鲁（Daron Acemoglu，2002）强调了技术进步对不同劳动者群体的就业冲击是不同的，不能一概而论。理由是技术进步扩大了对高技能人才的需求，降低了对低技能劳动力的雇佣，结果提升了高技能劳动力的劳动参与率和收入水平，而使得很多低技能劳动力经历了长时间的失业。孔德威、刘艳丽、冀恩科（2007）认为技术进步会对劳动力市场产出两种效应，一方面，信息通信技术和全球化的迅猛发展要求生产以及劳动力市场具有高度的灵活性，可能会降低就业的稳定性；另一方面，企业专用性人力资本重要性的增强则将提高长期性就业的稳定性。翁杰、周必彧、韩翼祥（2008）利用2006年对浙江省的调查数据，实证分析得出的结论是性别和学历水平对就业稳定性的影响不明显，所从事的职业对工作的稳定性有显著的影响，所有工作中公务员的稳定性是最高的，排在第二位的职业是教师，紧随其后的是金融机构和医疗机构，而企业中的工作最不稳定。该估计结果和当前的一些认识是高度符合的。黄乾（2009）利用针对城市农民工的调查数据，分析了影响农民工就业稳定性的决定因素，研究发现，在众多影响因素中，较高的受教育水平和接受过培训的农民工获取稳定就业的机会大；专业技术人员比普通员工的就业稳定性高；与自己找工作的农民工相比，通过亲戚朋友找工作的农民工获取稳定就业的机会显著增加；相对于国有企业就业者而言，外资和合资企业、私营个体企业、乡镇企业中的农民工就业不稳定；在制造业、建筑业和餐馆娱乐服务业的农民工比其他行业的农民工获取稳定就业的机会低。

围绕劳动就业稳定性的测量及其影响因素的问题，国内外学术界在理论与实证分析方面都积累了丰硕的成果，在理论方面的研究多从政策、制度、法律、工会的角度出发进行分析；实证研究更多的是在微观调研基础上的验证。无论哪个角度的研究，专门针对中国最大的灵活就业群体——农民工的就业稳定性进行系统研究的文献还不多见，主要是因为，“农民工”是具有中国特色的一个群体，在国外没有这一称谓，而国内虽然在农民工就业（姚先国等，2006；李强等，2002；魏众，2004）和工资决定（Zhao，1997；张艳华，2006；严善平，2007；邓曲恒，2007）方面的文献已有很多，但对于农民工在城市就业后的稳定性和灵活性的关注度还不高。当前农民工就业稳定性状况如何？怎样测量和评价？其主要影响因素有哪些？这些问题均是本文所关心和拟要解决的。

三、数据来源与描述性统计

（一）数据来源说明

本文使用数据来自国家社会科学基金项目“平衡中国劳动力市场灵活性与稳定性的模式研究”对 204 个企业、3018 个员工所做的实地调查，本文所用的样本来自其中属于本市与外地农业户籍的 498 个农民工样本。此次调查范围包括北京、广州、大连、西安在内的四个城市，调查时间集中在 2011 年 4 月至 7 月。主要信息内容包括：①个人基本情况，包括年龄、受教育程度、所在职位类别与级别、企业性质、行业类别等；②工作与收入情况，包括工作经验、接受的培训、劳动合同签订情况、工作变换次数，工资水平与稳定性。这部分主要反映被调查者工作稳定性情况；③工会和工资集体协商情况等。

（二）描述性统计

在农民工样本中，北京占 28.7%，广州占 39.5%，大连占 20.2%，西安占 11.6%。从性别来看，男性占 55.7%，女性占 44.3%。从受教育程度上看，以高中学历为主，占 36.3%，初中及初中以下文化程度的占 21.7%，大专学历的占 26%，本科及本科以上学历的占 16%，这一样本反映出，相当一部分大学生已经很难谋得一份稳定的工作，在城市永久落户。与全部样本相比，农民工样本的学历层次明显偏低，在全部样本中，只有 8.0% 的人为初中或初中以下文化，32.5% 的人为大专学历，32.3% 的调查者受过大学或以上高等教育。从年龄结构来看，农民工样本中年轻人居多，30 岁以下的人占到了一半以上，30 ~ 40 岁的占 26.3%，41 ~ 50 岁的占 16.6%，50 岁以上的人仅占 5.7%，被调查农民工平均年龄为 31.7 岁，比全部样本的平均年龄小 4.3 岁，这体现出从农村转移出来的农民工更加年轻化。

表 1 显示了本文实证分析部分涉及的主要变量的统计特征。除了考虑个人禀赋因素外，我们重点控制了地区、职位等级、行业特征、所有制性质、工会与集体协商等变量。从职位级别分布来看，农民工中 72.3% 为普通员工，20.9% 为基层管理者，只有少数人能成为公司的中层与高层。从所有制性质来看，被调查对象中的 69% 集中在国有和民营企业，24% 就业于外资与港澳台资以及合资企业中，剩余的 7% 分布比较分散。从行业特征来看，就职于机械、电子制造、汽车制造、餐饮服务、建筑、交通 / 物流等行业者居多，这部分人占到了 61.2%。从工会参与率来看，78% 的农民工加入了工会，而且其中 44% 被集体谈判所覆盖。

表 1　　　　变量统计说明

变量名称	符号	变量说明	平均值	标准差
地区				
广州	region1	广州＝1；其他＝0	0.34	0.473

续表

变量名称	符号	变量说明	平均值	标准差
北京	region2	北京＝1；其他＝0	0.10	0.300
大连	region3	大连＝1；其他＝0	0.17	0.378
性别	gender	女性＝1；男性＝0	0.44	0.497
年龄	age	30 岁以下为 1；30 ~ 40 岁为 2；41 ~ 50 岁为 3；51 岁以上为 4	1.76	0.924
文化程度				
初中及初中以下	edu1	初中及初中以下＝1；其他＝0	0.22	0.412
高中	edu2	高中＝1；其他＝0	0.36	0.481
大专	edu3	大专＝1；其他＝0	0.26	0.439
本科以本科以上	edu4	本科以本科以上＝1；其他＝0	0.16	0.367
婚姻	marry	已婚＝1；未婚＝0	0.58	0.495
职位级别				
普通员工	opp1	普通员工＝1；其他＝0	0.72	0.448
基层管理者	opp2	基层管理者＝1；其他＝0	0.21	0.407
中层及中层以上	opp3	中层及中层以上＝1；其他＝0	0.07	0.251
企业所有制性质				
外资与港澳台资	own1	外资与港澳台资企业＝1；其他＝0	0.11	0.309
国有	own 2	国有企业＝1；其他＝0	0.39	0.488
民营	own 3	民营企业＝1；其他＝0	0.30	0.458
中外合资	own 4	中外合资企业＝1；其他＝0	0.13	0.341
行业性质				
金融及 IT	Hangye1	金融及 IT ＝ 1；其他＝0	0.03	0.181
机械、电子制造	Hangye2	机械、电子制造＝1；其他＝0	0.20	0.402
汽车制造	Hangye3	汽车＝1；其他＝0	0.14	0.349
建筑	Hangye4	建筑＝1；其他＝0	0.08	0.267
零售 / 批发	Hangye5	零售 / 批发＝1；其他＝0	0.05	0.222
交通 / 物流	Hangye6	交通 / 物流＝1；其他＝0	0.06	0.245
餐饮服务	Hangye7	餐饮服务业＝1；其他＝0	0.13	0.335
其他	Hangye8		0.22	0.497
是否有工作经验	exp	有工作经验＝1；无工作经验＝0	0.56	0.497

续表

变量名称	符号	变量说明	平均值	标准差
是否参加过技能培训	train	参加过技能培训＝1；未参加过技能培训＝0	0.825	0.380
是否有工会组织	unionorg	有工会组织＝1；没有工会组织＝0	0.948	0.220
是否开展了工资集体协商	jishang	开展了工资集体协商＝1；其他＝0	0.44	0.497

四、农民工就业稳定性测评

考虑数据的可获得性，并结合现有文献与课题调查信息，本文将用三个指标来测量农民工就业的稳定性，评判农民工就业稳定性的现状。①工作转换频数。工作转换频数是指调查对象在现就职单位之前与多少个用人单位建立过劳动关系或有过事实劳动关系。②工作任期。工作任期是一个测评劳动力市场稳定性常用的指标，用来反映被调查者在当前所在用人单位工作持续时间。由于劳动关系仍在持续中，因此，工作任期只是一个“未完成变量”，只能部分地反映工作的稳定性与持久性。③劳动合同期限。劳动合同期限是指调查时调查对象与用人单位签订劳动合同的时限。很显然前两个指标——工作转换频数与工作任期受年龄的影响很大，是年龄的增函数。同时，这三个指标都与个人特征与禀赋有较强的相关性。因此，下文除了从总体考察农民工就业稳定性水平外，还将分性别、年龄、文化程度来分析农民工就业稳定性在三个指标上的分布情况。

国内关于农民工就业稳定性的研究文献很有限，且有限的研究中使用的衡量方法与指标不同，缺乏可比性，故很难对农民工就业稳定性水平形成一个准确的评价与判断。本文通过将课题调研所获得的总体样本与农民工样本相比，从中可以发现一些规律性的特点。如表 2 所示，农民工样本中工作转换频数在

1 ~ 3 次与 3 次以上的人数比重显然高于总体样本，而未变换过工作的人数比重低于总体样本，这验证了在实际当中农民工这个群体总体上工作变动更为频繁，经常面临失业与找工作的压力。工作任期指标显示，和总体样本相比，农民工在一个单位持续工作时间较短，工作任期在 5 年以上者仅占 38.9%，而总体样本这一比重达到了 53.1%。农民工与用工单位签订的劳动合同也更多为 1 年之内与 1 ~ 3 年的短期合同，这两者占到了 63.3%，而总体样本这一比例仅仅为 42.9%。三个指标均表明与农民工在整个社会群体中存在明显的就业灵活化、短期化和不稳定的特点。这与黄乾（2009）通过调查城市农民工对自身就业稳定性的自评结果是一样的。

表 2　　农民工样本与总体样本就业稳定性比较　　单位：%

就业稳定性指标		农民工样本	总体样本
工作转换频数	0 次	52.9	65.2
	1 ~ 3 次	43.3	32.4
	3 次以上	3.8	2.3
工作任期	1 年之内	22.8	19.7
	1 ~ 3 年	24.1	16.1
	4 ~ 5 年	14.3	11.1
	6 ~ 10 年	14.3	17
	10 年以上	24.6	36.1
劳动合同期限	1 年之内	16.2	7.9
	1 ~ 3 年	47.1	35
	4 ~ 5 年	14.2	19.3
	6 ~ 10 年	3.7	5.1
	无固定期限	18.7	31.2

表 3　　工作转换频数的就业分布（占总就业的百分比）　　单位：%

工作转换频数		0 次	1 ~ 3 次（含 3 次）	3 次以上
性别	男性	30.8	26.4	2.6
	女性	22.3	17.0	0.9

续表

工作转换频数		0 次	1 ~ 3 次（含 3 次）	3 次以上
年龄	30 岁以下	27.9	23.8	1.5
	30 ~ 40 岁	11.6	10.5	0.9
	41 ~ 50 岁	9.3	7.6	1.2
	51 岁及以上	3.8	1.7	0.3
文化程度	初中及初中以下	5.4	8.8	2.6
	高中	21.9	17.4	0.6
	大专	14.5	11.1	0.6
	本科及本科以上	11.1	6.0	0

分性别来看，虽然工作转换频数分布显示在总就业人员中，男性未变换工作的比重较大，但在被调查农民工中，男性比重远高于女性。由表 3 计算可以发现，就性别内部分布而言，女性未转换工作的人数占 22.3%，男性为 30.8%，男性变换 1 ~ 3 次及 3 次以上工作的比重也明显高于女性。因此，就工作转换频数反映的工作稳定性来看，男性的工作变动率高于女性，就业更加不稳定。工作任期与劳动合同期限两个指标的统计结果也有类似规律。男性工作任期在 1 年与 1 ~ 3 年之间的比重较高，而拥有 10 年以上任期的人员比重低于女性。同样的，男性签订 1 年之内与 1 ~ 3 年短期劳动合同的人员比重高于女性，而签订长期的无固定期限合同的比重低于女性（见表 4、表 5）。换句话说，男性工作比女性更为灵活化和不稳定，这似乎与人们的一般认识相悖。通常人们认为为了平衡工作与生活的关系，与男性相比，女性更倾向于从事灵活性的、非全日制的、短期的工作，就业的稳定性更差。可能的原因一方面是调查样本中有相当一部分男性农民工从事建筑业，而这个行业就业经常随工程的变换而变动，极不稳定；另一方面当前在工作变动中劳动者越来越占主导地位，即主动离职的比重越来越大，男性比女性更倾向于通过变换工作获得职位的升迁和薪水的增加，女性从心理上来看更取向于追求稳定。

分年龄来看，工作转换频数的统计结果显示，对于占被调查对象一半以上的30岁以下的群体而言，多数人未变换过工作或变换工作次数在1 ~ 3次之间，只有极少数人变换工作次数在3次以上，这与我们的一般预期相符。但是，总体上年龄与工作变动次数之间的关系不太明确。虽然从表3可以看出，随着年龄的增长从未变换过工作的人员占总就业人数的比重逐渐下降，但是就各个年龄段而言并不存在年龄与变换工作次数正相关的关系，即并非年龄越大转换工作频率越高，年龄越小转换工作次数越少。而工作任期与劳动合同签订期限两个指标均表现出与年龄之间比较明显的正相关关系，即40岁以上的大龄者，工作任期在6 ~ 10年与10年以上的比重较大，而工作任期在1年之内的非常少，且签订6 ~ 10年与无固定期限劳动合同的比重较高，而签订1年之内劳动合同者很少（见表4、表5）。

分文化程度来看，初中及初中以下的农民工工作变动比较频繁，一半以上的人转换工作频数在1 ~ 3次之间，15%的人变换工作次数超过了3次。高中、大专、本科及本科以上者一半以上一直在一家用人单位工作，未变换过工作，高中中的约44%、大专中的约42%、本科及本科以上文化中的约35%的人变换工作次数在1 ~ 3次之间。变换工作在3次以上者中，初中及以下的人占到了约68%（由表3提供的数据计算得出）。工作任期分布显示，初中及初中以下者工作任期更多地在1年之内或1 ~ 3年之间；高中与大专文化者工作任期更多地在10年以上、1 ~ 3年之间与1年之内；本科以本科以上者一半以上工作任期在1年之内与1 ~ 3年之间（见表4）。从劳动合同期限指标的统计结果看，约71%的初中及初中以下与约67%的高中文化程度农民工签订的是1年之内与1 ~ 3年的短期合同；具有大专文化的农民工有约45%签订的是1 ~ 3年的劳动合同，约29%签订的是无固定期限合同；达到本科及本科以上的农民工约51%签订的是1 ~ 3年的合同，约24%签订的是3 ~ 5年的合同（由表5提供的数据计算得出）。在三个指标上，高中、大专与本科及本科以上文化水平的农民工就业稳定性没有一致的结果，但是对于初中及初中以下文化的农民工，三个指标显示了高度一致的结果，即受教育程度低的农民工表现出工作转换频繁、就业任期短和劳动合同期限短等工作不稳定的特点。

表 4　　工作任期的就业分布（占总就业的百分比）　　单位：%

工作任期		1 年之内	1 ~ 3 年	4 ~ 5 年	6 ~ 10 年	10 年以上
性别	男性	14.7	13.5	7.8	9.2	12.2
	女性	7.6	11.0	6.7	5.0	12.4
年龄	30 岁以下	14.9	19.7	10.3	5.5	0.2
	30 ~ 40 岁	4.6	3.4	2.1	6.6	8.9
	41 ~ 50 岁	2.3	1.1	1.6	1.6	11.0
	51 岁及以上	0.5	0.5	0.5	0.7	4.1
文化程度	初中及初中以下	4.7	5.6	2.7	2.2	3.6
	高中	8.0	8.3	4.9	7.6	9.4
	大专	5.6	6.2	4.0	2.2	8.5
	本科及本科以上	4.5	4.0	2.7	2.2	3.1

表 5　　劳动合同期限的就业分布（占总就业的百分比）　　单位：%

劳动合同期限		1 年之内	1 ~ 3 年	4 ~ 5 年	6 ~ 10 年	无固定期限
性别	男性	11.1	28.5	7.7	2.3	9.3
	女性	5.7	18.0	6.2	1.5	9.8
年龄	30 岁以下	10.4	33.8	8.1	1.0	1.8
	30 ~ 40 岁	4.3	7.3	4.3	2.0	6.6
	41 ~ 50 岁	1.3	4.8	1.8	0.5	7.8
	51 岁及以上	0.5	1.0	0.3	0.3	2.3
文化程度	初中及初中以下	4.2	8.0	2.8	0	2.2
	高中	7.5	18.5	3.8	2.0	6.8
	大专	2.5	12.2	3.5	1.2	8.0
	本科及本科以上	2.0	8.5	4.0	0.5	1.7

五、实证结果与分析

本部分实证分析中所使用的因变量即第四部分中测评农民工就业稳定性的三个指标，其中工作转换频数与工作任期为连续变量，估计时运用的是普通最小二乘法（OLS）。对于工作任期，课题组在调研时将其具体到了月，为了增加因变量的区分度，模型中采用了以月为单位的方式。劳动合同期限一般只有有限的几种情况，属于分类变量，本文将其划分为1年之内、1 ~ 3年、4 ~ 5年、6 ~ 10年和无固定期限5种类型，这5种类型看起来具有明确的从低到高的序次排列的特征，对于序次因变量建立模型的适当方法之一是累积logistic回归模型，它也称为序次logistic回归模型（ordered logistic regression model）。但是累积logistic回归模型有一个严格的成比例发生比假设条件（proportional odds assumption）（王济川、郭志刚，2001），即对于所有方程，每个解释变量均有一个相同的估计系数。通过运行累积logistic回归模型，发现“Test of Parallel Lines”检验结果拒绝了成比例发生比的假设，这表明运用累积logistic模型是不适当的。因此，在对劳动合同期限的决定因素进行估计时，本文选择了假设条件更为宽松的、因变量各类别之间无序次关系的Multinomial Logit Model。

对于$j=1,2,\cdots,J$类的非序次因变量的回归，Multinomial Logit Model可以通过以下形式描述：

$$\ln\left[\frac{p(y=j/x)}{p(y=J/x)}\right]=\alpha_j+\sum_{k=1}^{K}\beta_{jk}x_k$$

因变量中第j个类别的概率可以由下式进行估计：

$$p(y=j/x)=\frac{e^{\alpha_j+\sum_{k=1}^{K}\beta_{jk}x_k}}{1+\sum_{j=1}^{J-1}e^{\alpha_j+\sum_{k=1}^{K}\beta_{jk}x_k}}$$

在本文中合同期限有5个类别，对应有4个对数发生比方程：

$$\ln\left(\frac{p_1}{p_5}\right)=\alpha_1+\sum_{k=1}^{K}\beta_{1k}x_k$$

$$\ln\left(\frac{p_2}{p_5}\right)=\alpha_2+\sum_{k=1}^{K}\beta_{2k}x_k$$

$$\ln\left(\frac{p_3}{p_5}\right)=\alpha_3+\sum_{k=1}^{K}\beta_{3k}x_k$$

$$\ln\left(\frac{p_4}{p_5}\right)=\alpha_4+\sum_{k=1}^{K}\beta_{4k}x_k$$

其中，P_1、P_2、P_3、P_4、P_5分别表示合同期限为无固定期限、6 ~ 10年、4 ~ 5年、1 ~ 3 年和 1 年之内的概率。

在最初的估计中，本文考虑了性别、地区、年龄、文化水平、婚姻、职位等级、企业所有制性质、行业类别、工作经验、工作技能、工会因素的影响，但是，回归结果不太理想。然而去掉行业类别因素，模型的拟合优度得到了显著改善，这可能是行业类别变量分类过去造成模型自由度的损失所产生的影响。因此，最后的模型中并未考虑行业性质因素对就业稳定性的作用。

运用 SPSS16.0 软件，将工作转换频数与工作任期的决定因素估计如表 6。R^2 及通过检验的变量数目均表明因变量为工作任期的模型的回归结果优于因变量为工作转换频数模型的回归结果，工作任期模型中大部分变量都通过了 5% 与 1% 显著性水平下的检验。在工作转换频数模型中性别和年龄特征变量不太显著，在工作任期模型中这两个变量显著为正，说明女性在一个单位的任期年限长于男性，女性农民工的就业稳定性更高，并且随着年龄的增长工作任期也趋向于延长，这与前面对就业稳定性的判断是一致的。初中及初中以下文化程度变量在两个方程中都通过了检验，在工作转换频数方程中为正，在工作任期方程中为负，说明较低的文化水平是造成农民工的流动性高，难以在一个单位持续就业的重要因素。多少令人诧异的是本科及本科以上的农业户籍的大学生就业任期也很短，这可能主要源于两个方面：一是这个群体中多数属于年龄在 30 岁以下的年轻人，调查的工作任期远小于潜在的工作任期；二是近几年大学生结构性过剩的现象严重，在劳动力市场中与雇主相比大学生明显处于弱势地位，来自农村的大学生在城市中缺乏社会资源，难以找到工作稳定且工资福利较高的用人单位，通常寄希望于频繁地变换工作来获得更高的工资和更好的发展机会。职位级别对于工作转换频数的影响在统计上不显著，可能是基于当前的职位与过去的工作变动互不相关的关系。但是拥有中层及中层以上管理职位者工作任期明显较长，这并不难理解，职位升迁对于大多数人而言具有非常强的吸引力，能够激发雇员的工作积极性和工作绩效，起到很好的激励效应，拥有较高职位的人趋向于延长在一个单位的任期，而较低职位的人通常希望通过变换工作来求得职位的升迁。进行工作技能的培训有助于减少工作转换频数，降低工作流动性，换句话说，拥有一定技能的农民工工作变换次数少，就业相对稳定。工作经验变量在两个模型中得到了一致的结论，即有工作经验者工作变换更为频繁并且工作任期趋于缩短。其原因可能在于我们的样本中一半以上为 30 岁以下的年轻农民工，而越来越多的新一代农民工自身的维权意识不断提高，对于不能兑现承诺或不能满足自我对于工资、职业发展要求的企业敢于说“不”，主动辞职率在提高。在企业所有制性质中，民营企业变量的系数在工作任期模型显著为负，表明农民工在民营企业的就业，相对于国有企业、合资企业以及外资与港澳台资企业更加短期化，这主要是由于中国的民营企业本身规模小、经营不规范、生命周期短的特点所决定的。虽然建立工会组织的企业对于工人的工作任期没有显著的影响，但是若工会组织开展工资集体协商不仅在统计上而且在经济上对工人就业期的延长有显著的正向影响。这说明当前全国总工会推动的工资集体协商不仅有助于提高工人的工资福利待遇，而且通过工资的提升对工人就业的促进作用也是卓有成效的。

表 6　　工作转换频数与工作任期的决定因素

	因变量：工作转换频数	因变量：工作任期
（Constant）	0.172（0.601）	−7.547（−.343）
性别	−0.087（−0.591）	14.931**（2.001）
年龄	0.061（0.593）	53.725***（10.156）
广州	0.155（0.865）	−33.687***（−3.552）
北京	0.479**（1.933）	−20.079（−1.486）

续表

	因变量：工作转换频数	因变量：工作任期
大连	–0.094（–0.425）	7.414（0.629）
初中及初中以下	0.818***（3.866）	–35.259***（–3.342）
大专	0.170（0.931）	–4.020（0–.436）
本科及本科以上	–0.173（–0.825）	–38.387***（–3.554）
基层管理者	–0.005（–0.028）	12.325（1.400）
中层及中层以上	–0.301（–0.932）	43.267***（2.735）
已婚	0.234（1.278）	21.668**（2.322）
工作技能培训	–0.486***（–2.630）	13.895（1.434）
工作经验	1.383***（9.691）	–41.722***（–5.667）
外资与港澳台资企业	—	–8.622（–0.475）
国有企业	—	18.186（1.337）
民营企业	—	–32.796**（–2.274）
中外合资企业	—	–12.431（–0.753）
工会组织	—	8.424（0.508）
工资集体协商	—	15.847**（2.012）
R^2	0.355	0.619

注：*、**和***分别表示10%、5%和1%显著性水平下通过了检验，括号内为T检验值。

与工作转换频数和工作任期的模型相比，在对劳动合同期限的回归中，没有考虑性别变量与职位等级变量，因为去掉这两类变量后，模型的拟合效果有显著的改善，说明这两类变量与劳动合同的签订期并无直接关系。模型中地区类变量以西安为参照组，年龄类变量以 50 岁以上为参照组，文化程度类以初中及初中以下为参照组，婚姻类以未婚为参照组，所有制类以合资企业为参照组，经验和工作技能类以没有工作经验和没有参加过技能培训者为参照组，工会组织与工资集体协商类以没有参加工会组织和未开展工资集体协商类为参照组。因变量以合同期限为 1 年之内的组为参照组，模型回归结果的适应性检验效果良好，拟合效果优于很多同类研究。模型的偏回归系数及其检验显示，部分地区变量、年龄变量、受教育程度变量、所有制类型变量、工作技能培训变量和工资集体协商变量通过了检验。Multinomial Logit Model 的偏回归系数及其检验结果见表 7，参数估计结果见表 8。

表 7　　Multinomial Logit Model 的偏回归系数及其检验

	-2 Log Likelihood of Reduced Model	*Chi-Square*	*df*	*Sig.*
Intercept	587.181	9.581	4	0.048
广州	582.000	4.399	4	0.355
北京	585.743	8.142	4	0.087
大连	578.903	1.302	4	0.861
30 岁以下	587.038	9.438	4	0.051
31 ~ 40 岁	579.940	2.339	4	0.674
41 ~ 50 岁	578.299	0.699	4	0.951
高中	588.406	10.806	4	0.029
大专	588.264	10.663	4	0.031
本科及本科以上	584.545	6.945	4	0.139
婚姻	583.424	5.823	4	0.213
外资与港澳台资企业	583.384	5.783	4	0.216
国有企业	593.602	16.001	4	0.003
民营企业	579.925	2.325	4	0.676
工作经验	581.836	4.235	4	0.375
工作技能培训	585.260	7.660	4	0.101
工会组织	578.739	1.138	4	0.888
工资集体协商	585.971	8.370	4	0.079

Logit 模型与一般线性回归方程最大的不同在于，回归系数 B 反映的是在控制其他变量的情况下，该自变量变化引起不同类别因变量的对数发生比的变动而非因变量的变动。要反映两类因变量的发生比，需用到 Exp（B）。关于 Logit 模型的特点在笔者的另一篇文章（张艳华，2006）中已有交代，在此不再赘述。估计结果显示北京这一地区变量除了在模型 $\log(p_1 / p_5)$ 中不显著外，在其他模型中都通过了检验，且 Exp（B）都大于 1，说明相对于西

安市，在北京就业的农民工签订较长期限（1 ~ 3 年、4 ~ 5 年、6 ~ 10 年）劳动合同的发生率要高一些。结合上述工作转换频数决定因素的回归结果，北京地区的系数在 5% 显著性水平下通过了检验且系数为正，说明北京的农民工就业转换比较频繁，综合两个结果可以推测出北京农民工的离职率可能较高。在模型 $\log(p_2 / p_5)$ 中，广州地区变量通过了检验，Exp（B）小于 1，说明相对于西安市，广州农民工签订 6 ~ 10 年劳动合同的发生率比较小，签订短期劳动合同的发生率比较大。上面对于工作任期的回归结果显示广州地区变量显著为负，就业农民工的工作任期较短。两个结果均表明广州地区农民工工作更为短期化，就业更加不稳定。在模型 $\log(p_1 / p_5)$ 中，30 岁以下的年龄变量显著为负，其他年龄段的农民工没有明显差异，表明年轻人签订无固定期限劳动合同的发生率非常低，这实际上印证了当今我国劳动力市场用工方式的巨大转变，20 世纪 80 年代之前那种普遍的终身就业制的用工形式一去不复返了。在模型 $\log(p_1 / p_5)$ 和模型 $\log(p_4 / p_5)$ 中，大专文化程度的变量通过了检验且系数为正，在 $\log(p_3 / p_5)$ 中本科学历的变量也通过了检验且系数为正，说明相对于初中及初中以下文化水平者，拥有大专和本科文化的人倾向于获得较为长期的劳动合同，反映人力资本状况的学历水平对农民工就业稳定性有正向影响，这一结果与黄乾（2009）的实证研究结论相同。婚姻变量在 $\log(p_1 / p_5)$ 模型中显著为正，在其他模型中没有通过检验，表明已婚的农民工签订无固定期限合同的概率更大，关于这一点不难理解，因为已婚者的年龄普遍大于未婚者，年龄越大越容易满足《劳动合同法》中关于工作 10 年以上的签订无固定期限劳动合同的条件。所有制类变量中，国有企业变量在模型 $\log(p_1 / p_5)$ 、$\log(p_2 / p_5)$ 中均很显著且系数为正，说明与合资企业相比国有企业的就业稳定性更高，这是由于我国国有企业传统的用工制度所决定的。工作经验、工作技能培训、工会组织类变量在各个模型中均没有通过检验，说明这三种特征不是决定劳动合同期限的主要因素。工资集体协商变量除了在模型 $\log(p_4 / p_5)$ 中没有通过检验外，在其他三个方程中均较为显著，说明虽然有很多企业建立了工会组织，但是工会对于促进农民工稳定就业方面发挥的作用很有限，而中华全国总工会近几年积极倡导的工资集体协商制度不仅有效提高了农民工的工资，而且在促进农民工就业稳定性方面也发挥了重要的作用。这和前面关于工作任期的决定因素的回归结果得到的结论是一致的。

表 8　Multinomial Logit Model 的参数估计

模型		*B*	*Std. Error*	*Wald*	*Sig.*	*Exp(B)*
$\log(p_1/p_5)$	Intercept	–2.472	2.050	1.455	0.228	
	广州	–0.750	0.723	1.078	0.299	0.472
	北京	1.758	1.155	2.316	0.128	5.802
	大连	0.106	0.779	0.018	0.892	1.112
	30 岁以下	–2.302（**）	1.166	3.896	0.048	0.100
	31 ~ 40 岁	–1.128	0.994	1.286	0.257	0.324
	41 ~ 50 岁	0.679	1.068	0.404	0.525	1.972
	高中	0.588	0.648	0.823	0.364	1.800
	大专	1.603（**）	0.728	4.857	0.028	4.969
	本科及本科以上	0.118	0.901	0.017	0.895	1.126
	婚姻	1.650（*）	0.884	3.484	0.062	5.207
	外资与港澳台资企业	1.699（*）	1.001	2.881	0.090	5.466
	国有企业	1.600（**）	0.754	4.504	0.034	4.955
	民营企业	–0.340	0.813	0.175	0.676	0.712
	工作经验	–0.700	0.504	1.930	0.165	0.497
	工作技能培训	0.978	0.691	2.005	0.157	2.659
	工会组织	–0.101	1.409	0.005	0.943	0.904
	工资集体协商	0.962（*）	0.529	3.311	0.069	2.617
$\log(p_2/p_5)$	Intercept	–37.598	2045.827	0.000	0.985	
	广州	–2.532（*）	1.467	2.977	0.084	0.080
	北京	3.127（*）	1.606	3.790	0.052	22.804
	大连	1.229	1.198	1.051	0.305	3.417
	30 岁以下	0.289	1.784	0.026	0.871	1.335
	31 ~ 40 岁	–.212	1.561	0.018	0.892	0.809

续表

模型		B	Std. Error	Wald	Sig.	Exp(B)
$\log(p_2/p_5)$	41 ~ 50 岁	0.305	1.785	0.029	0.864	1.357
	高中	17.847	2045.826	0.000	0.993	5.636
	大专	17.425	2045.826	0.000	0.993	3.696E7
	本科及本科以上	16.712	2045.826	0.000	0.993	1.810E7
	婚姻	1.568	1.327	1.396	0.237	4.797
	外资与港澳台资企业	−15.110	3955.549	0.000	0.997	2.740E−7
	国有企业	3.264（**）	1.439	5.146	0.023	26.154
	民营企业	1.212	1.493	0.659	0.417	3.361
	工作经验	−0.902	0.838	1.157	0.282	0.406
	工作技能培训	−1.375	0.925	2.208	0.137	0.253
	工会组织	16.393	0.000			1.317E7
	工资集体协商	1.427	0.893	2.551	0.101	4.165
$\log(p_3/p_5)$	Intercept	−3.159	2.095	2.273	0.132	
	广州	−0.548	0.783	0.490	0.484	0.578
	北京	2.738（***）	1.062	6.648	0.010	15.453
	大连	0.120	0.848	0.020	0.887	1.128
	30 岁以下	0.365	1.439	0.064	0.800	1.440
	31 ~ 40 岁	0.073	1.362	0.003	0.957	1.076
	41 ~ 50 岁	1.107	1.456	0.579	0.447	3.026
	高中	−0.481	0.679	0.501	0.479	0.618
	大专	0.520	0.765	0.462	0.497	1.682
	本科及本科以上	1.374（*）	0.757	3.293	0.070	3.952
	婚姻	0.917	0.619	2.192	0.139	2.501
	外资与港澳台资企业	0.261	0.917	0.081	0.776	1.298
	国有企业	0.504	0.666	0.573	0.449	1.656
	民营企业	−0.719	0.707	1.036	0.309	0.487
	工作经验	−0.606	0.491	1.525	0.217	0.545
	工作技能培训	0.766	0.707	1.176	0.278	2.152
	工会组织	0.783	1.269	0.381	0.537	2.187
	工资集体协商	0.949	0.541	3.082	0.079	2.584
$\log(p_4/p_5)$	Intercept	−0.386	1.545	0.062	0.803	
	广州	−0.035	0.622	0.003	0.955	0.966
	北京	1.648（*）	0.904	3.323	0.068	5.199
	大连	0.129	0.711	0.033	0.856	1.137
	30 岁以下	0.383	1.079	0.126	0.723	1.466
	31 ~ 40 岁	−0.156	1.023	0.023	0.878	0.855

续表

模型		*B*	*Std. Error*	*Wald*	*Sig.*	*Exp(B)*
$\log(p_4 / p_5)$	41 ～ 50 岁	0.629	1.104	0.325	0.569	1.876
	高中	0.364	0.518	0.495	0.482	1.439
	大专	1.303（**）	0.613	4.513	0.034	3.680
	本科及本科以上	0.897	0.646	1.927	0.165	2.453
	婚姻	0.253	0.469	0.291	0.590	1.287
	外资与港澳台资企业	−0.301	0.707	0.181	0.671	0.740
	国有企业	−0.297	0.520	0.326	0.568	0.743
	民营企业	−0.258	0.531	0.236	0.627	0.773
	工作经验	−0.046	0.379	0.015	0.903	0.955
	工作技能培训	0.219	0.453	0.235	0.628	1.245
	工会组织	0.198	0.732	0.073	0.787	1.219
	工资集体协商	0.079	0.431	0.034	0.854	1.082

注:*、**和***分别表示在10%、5%和1%的显著性水平下通过了检验。

六、结论与政策含义

本文运用指标法与交叉统计分析法，测量了当前我国农民工就业稳定性状况，虽然缺乏绝对的评价标准可以参考，但是通过与课题调查的总体样本（包括城市劳动力与农民工）相比，仍然可以发现农民工从未转换过工作的人数比重远低于总体样本，而多次变换工作的人数远高于总体样本，在一个单位持续工作时间在 5 年以上者比总体样本明显偏低，签订 3 年之内短期劳动合同者远高于总体样本。也就是说和城市劳动力相比，农民工的工作转换频数更高，工作任期更短，劳动合同短期化特征明显，工作更加不稳定，就业压力更大。分性别来看，工作转换频数、工作任期与劳动合同期限三个指标均表现出男性比女性工作变动更为频繁，就业更加灵活和不稳定性；分年龄的分析结果显示虽然工作转换频数与年龄之间并无明确的关系，但工作任期和劳动合同期限均反映出与年龄之间的正相关关系，即随着年龄的增长就业稳定性趋于增强。分文化程度的统计结果显示了只有较低的初中及初中以下的农民工工作转换频率更高、就业更加不稳定。

在实证分析中，工作任期模型证实了统计分析中男性农民工与年龄较小的农民工就业稳定性更低的结论，Multinomial Logit Model 也显示年龄在 30 岁以下的农民工签订无固定期限劳动合同的发生比重非常低，以短期合同为主，就业不稳定性高。文化程度在三个模型中都得到一致的结论，即在控制了其他变量不变的情况下，较低的文化水平是导致农民工工作流动性高，难以持续在一个单位获得就业岗位、劳动合同短期化的重要因素。技能培训在工作转换频数模型中的作用很显著，表明企业进行工作技能的培训有助于降低农民工工作流动性，促进农民工稳定就业，这不仅对农民工有利，而且对企业顺利地组织生产、减少培训成本、提高声誉都是有益的。建立工会组织在各模型中不太显著，但开展工资集体协商却在各模型中均显示出对促进就业的积极作用。在所有制变量中，民营企业与国有企业的影响很明显，在民营企业就业的农民工，平均工作任期会显著缩短，而就职于国有企业的农民工，则签订 6 ~ 10 年及无固定期限劳动合同的发生比重更高。对于地区虚变量，在四个地区中广州的工作任期和劳动合同期限更短，就业更加不稳定。职位等级对于工作任期的作用很显著，处于企业中层及中层以上管理职位的农民工比普通职位的农民工工作任期要长得多。

长期中政策关注的焦点集中在如何帮助农民工在城市实现就业，而对于如何使农民工实现持续的长期的就业，使他们免受经常性的失业的压力和困扰，提高其就业稳定性方面的支持力度不够。基于本文的研究结论，可以得到一些政策启示。在乡村教育投资水平低、投资能力有限的现实条件下，改变当前城市倾向的教育投资体制，实施向农村倾斜的“教育反哺”制度。对于那些就业确实有困难的农民工，实施有针对性的职业技能培训，使政策真正落实到那些需要帮助的人身上。在广泛的“用工荒”的压力下，企业也要改变传统的“只用不养”的理念，特别是民营企业要转变思想，增加对农民工实用工作技能的培训，降低农民工的流动性，同时也减少企业的人员流动率和长期培训成本。对于那些经常变换工作，饱受失业威胁的年轻人，可以借鉴英国、瑞典等国家推行的“青年培训计划”“学徒计划”“工作培训项目”等积极的劳动力市场政策，增加财政在这方面的支持力度。继续推进和鼓励工资集体协商制度的施行，不断提高其覆盖面，使更多的人享受制度带来的实惠。

参考文献

1. Atkinson, J..1984. Flexibility, Uncertainty and Manpower Management.IMS Report, No.89.

2. Bertola, G..1990.Job Security, Employment and Wages.European Economic Review, Vol.34（6）, pp.851-886.

3. Cazes S, Nesporova A. 2004. Labour markets in Transition: Balancing Flexibility and Security in Central and Eastern Europe. Revue de l'OFCE, 91 bis(4), pp.23-54.

4. D. Card and A. Krueger. 1994. Minimum Wages and Employment: A Case Study of the Fast-Food Industry in New Jersey and Pennsylvania.American Economic Review.Vol. 84（5）, pp. 772-793.

5. D. Neumark and M. W. Wascher. 2004. Minimum Wage Effects throughout the Wage Distribution. The Journal of Human Resources, Vol. 39（2）, pp. 425-450.

6. Daron Acemoglu. 2002. Technical Change, Inequality, and the Labor Market, Journal of Economic Literature, Vol. 40（1）, pp.7-72.

7. G. Stigler.1946. The Economics of Minimum Wage Legislation. American Economic Review, Vol. 36（3）, pp. 358-365.

8. Hartog, J..1999. The Netherlands: So What's so Special about the Dutch Model? . Employment and Training Papers, No. 54.

9. James Heintz..2004. Beyond Sweatshops: Employment, Labor Market Security and Global Inequality. Antipode, Vol. 36（2）, pp. 222-226.

10. Lazear, Edward P..1990.Job Security Provisions and Employment. The Quarterly Journal of Economics, Vol. 105（3）, pp. 699-726.

11. Peter Auer and Sandrine Cazes.2003. Employment Stability in an Age of Flexibility:

Evidence from industrialized countries. ILO Publication. Geneva, pp.36-41.

12. Peter Reilly. 2001. Flexibility at Work: Balancing the Interests of Employer and Employee. Gower Publishing, Ltd., England, pp.28-41.

13. Zhao, Yaohui. 1997. Labor Migration and Returns to Rural Education in China. American Journal of Agricultural Economics, Vol.79, pp.1278-1287.

14. 邓曲恒 . 城镇居民与流动人口的收入差距：基于 Oaxaca-Blinder 和 Quantile 方法的分解 [J]. 中国人口科学，2007(2).

15. 黄乾 . 城市农民工的就业稳定性及其工资效应 [J]. 人口研究，2009(3).

16. 惠源，胡宏伟 . 第二代农民工劳动收入影响因素——基于 OLS 与 Multinominal Regression 方法 [J]. 河北理工大学学报(社会科学版)，2010(2).

17. 孔德威，刘艳丽，冀恩科 . 灵活化时代的就业稳定性分析 [J]. 生产力研究，2007(4).

18. 孔德威，刘艳丽 . 欧盟劳动力市场灵活安全性政策战略分析 [J]. 河北青年管理干部学院学报，2007(3).

19. 李强，唐壮 . 城市农民工与城市中的非正规就业 [J]. 社会学研究，2002(6).

20. 李文利 . 高等教育财政政策对入学机会和资源分配公平的促进 [J]. 北京大学教育评论，2006(2).

21. 陆雪琴，张旭昆 . 工会和集体谈判对工资、就业的影响研究综述 [J]. 首都经贸大学学报，2011(2).

22. 沈琴琴，张艳华 . 中国劳动力市场灵活性与稳定性的影响因素研究 [J]. 首都经济贸易大学学报，2011(5).

23. 王济川，郭志刚 . Logistic 回归模型——方法与应用 [M]. 北京：高等教育出版社，2001.

24. 魏众 . 健康对非农就业及其工资决定的影响 [J]. 经济研究，2004(2).

25. 翁杰，周必彧，韩翼祥 . 发达国家就业稳定性的变迁：原因和问题 [J]. 浙江工业大学学报(社会科学版)，2008(6).

26. 翁杰，周必彧，韩翼祥 . 中国大学毕业生就业稳定性的变迁——基于浙江省的实证研究 [J]. 中国人口科学，2008(2).

27. 翁杰 . 基于雇佣关系稳定性的人力资本投资研究 [P]. 浙江大学公共管理学院，2006.

28. 严善平 . 人力资本、制度与工资差别——对大城市二元劳动力市场的实证分析 [J]. 管理世界，2007(6).

29. 姚洪心，王喜意 . 劳动力流动、教育水平、扶贫政策与农村收入差距——一个基于 multinomial logit 模型的微观实证研究 [J]. 管理世界，2009(9).

30. 姚先国, 俞玲 . 农民工职业分层与人力资本约束 [J]. 浙江大学学报, 2006(5).

31. 张艳华, 李秉龙 . 人力资本对农村劳动力非农就业影响的实证分析 [J]. 中国农业经济评论, 2006(4).

32. 张艳华,李秉龙 . 人力资本对农民非农收入影响的实证分析 [J]. 中国农村观察,2006(6).

第七章

论农民工劳动权益的工会效应 *

【摘要】 我国正处于经济增速放缓、产业结构快速调整期，农民工权益容易遭受侵犯，工会在这方面发挥了怎样的作用广受社会关注。本文利用 2014 年国家卫计委（现国家卫健委）流动人口动态监测调查数据，主要运用两阶段最小二乘法（TSLS）、扩展回归模型（ERM）和 Multinomial Logit Model 进行估计。结果表明，工会不仅可以显著提高农民工的工资收入，降低农民工的工作时间，减少过度劳动问题，而且可以大幅度改善农民工的社保险福利，提高农民工加入养老保险、失业保险、城镇职工医疗保险、工伤保险、生育保险的比重。因此，要维护农民工的基本劳动权益，工会部门首先要做的是下大力气提高农民工的入会率。

一、问题的提出

随着城镇化的加速推进，农民工已经成为中国社会经济发展的重要推动

* 本文写于 2020 年，获得 2020 年国家社科基金一般项目支持（项目编号：20BJY053）。

力量。据国家统计局所做的农民工监测调查报告显示，2019 年农民工总量达到 2.90 亿人，占当年全国全部就业人员的 37.4%。农民工就业比较集中，主要分布在制造、建筑、批发和零售、居民服务、修理、交通运输、仓储和邮政、住宿和餐饮等行业，这些行业的就业比重达 84.1%。由于长期的城乡分割，农民工就业被隔离在一级劳动力市场之外，主要就职于工资福利低、就业不稳定、保障性差的二级劳动力市场，这使得他们经常游走于失业的边缘，工资被拖欠，休息休假权益、社会保障权益被侵犯的问题时有发生。

工会是平衡劳资关系的重要组织力量，《中华人民共和国工会法》（以下简称《工会法》）明确规定，“中华全国总工会及其各工会组织代表职工的利益”，“维护职工合法权益是工会的基本职责”。在全总“哪里有企业，哪里有职工，哪里就要有工会组织”的普遍建会目标的动员下，我国工会会员的数量迅速增加，到 2017 年 9 月底全国工会会员已达 3 亿多人，其中农民工会员 1.4 亿人。尽管如此，大部分农民工，特别是灵活就业人员、劳务派遣工还未加入工会，无法通过组织的力量维护自己的合法权益。当权益受损时，农民工主要选择与对方协商解决、向政府相关部门反映、通过法律途径解决等方式，只有 2.8% 的人会向工会寻求帮助（农民工监测调查报告，2017），可见，农民工对工会的信心不足。

党的十八大以后，中央领导人多次强调工会要坚决维护职工合法权益，把竭诚为职工群众服务作为一切工作的出发点和落脚点，扎扎实实解决好职工群众最困难最忧虑最急迫的实际问题。我国当前正处在经济新常态及产业结构快速调整期，处于弱势地位的农民工权益更容易受到侵犯，工会在维护农民工权益中发挥的作用如何，既事关工会职能的履行效果，更关系到社会的稳定与和谐。对于就业于非公有部门的广大农民工而言，最急迫的事情莫过于获得稳定的就业岗位，工资水平合理增长，享有基本的社会保障。工会在这些方面是否有所作为，是否切实保障了农民工的权益，在新经济形势下这是一个颇具现实意义的问题。当前国内对于工会作用的实证研究与规范研究不少，但将焦点聚在农民工群体方面的研究并不多。

本文接下来的内容将做如下安排：第二部分进行文献回顾，第三部分是介绍数据来源、对主要变量做描述性统计分析，第四部分是模型设定与实证分析，第五部分是主要结论与政策含义。

二、文献回顾

工会是一国劳动关系的重要调节者，其作用的发挥既事关劳动者的权益保障，也关系到和谐劳动关系的建设。工会在劳动者权益保障方面的作用，一直以来是工业化国家劳动经济学领域关注的重点（Bennett and Kaufman，2007；Blanchflower and Bryson，2010； Walsworth，2010），也是我国近些年社会各界广泛讨论的热点，国内外在相关方面已积累了丰硕的成果。

国外主流的观点认为工会具有“两张面孔”（Freeman and Medoff，1984）：一是垄断面孔（the monopoly face），即工会凭借其垄断劳动力供给的力量，通过罢工等方式向企业施压，迫使企业提高劳动者工资和福利；二是集体发声的面孔（the collective voice face），即工会通过其组织力量收集劳动者偏好信息，向雇主传达劳动者的意愿，推动雇主改善劳动者就业条件和提高工资福利水平。正是因为工会的作用，在美国，工会工人要比那些非工会工人的工资高出 10% ~ 20%。大部分国外的研究支持工会对劳动者工资有溢价作用。如 Blanchflower 和 Bryson（2010）利用英国劳动调查数据研究发现，不论是公有部门还是私有部门，均存在明显的工会工资溢价；Booth 和 Bryan（2004）采用 1998 年英国工作场所雇员关系调查（WERS）数据，估计的工会工资溢价为 6.9%。然而，这方面的研究结论也并非完全一致，这主要体现在对中国的研究中，例如，Yuan、Chen 和 Wong（2011）对中国的实证研究发现，工会不仅没有提高劳动者的工资水平，而且还导致了收入分配的分化，其原因主要在于中国工会的行政化特征。Budd et al.（2014）使用中国 1994—2008 年期间的省级面板数据进行估计，结果表明工会密度（工会成员 / 总雇员数）对劳动者平均工资水平没有显著影响。由上述可见，中外工会对于工资的作用表现出截然不同的影响，这可能与欧美国家的工会组织以联合工会、行业工会为主，而中国的工会依附于政府，不独立，代表性不强，且工会组织多为企业内工会这种组织形式有关。

在工会对劳动者福利的影响方面，Richard Freeman（1981）和 Freeman and Medoff（1984）指出，在没有工会的企业，工人只能通过进入和退出机制来表达他们的偏好，企业雇佣数量以及工人的福利是由流动性高的年轻人决定的。而在有工会的企业中，工会会考虑流动性较低的年长的工人的偏好，并通过集体谈判来提高工人的小额福利（fringe benefits），为工人争取更多培训机会和离职补偿金，降低工人离职率以及随之产生的流动成本。之后，Buchmueller 等（2002）的研究也得出类似的结论，即工会能够大幅度地提高工人获得养老保险和医疗保险的概率。Ge（2007）利用 2004 年中国第一次全国经济普查的企业层面数据，发现工会化企业劳动者除了有更高的工资和福利外，还拥有更多的人力资源培训费。就现有研究来看，比较一致的结论是工会对于改善工人福利无疑具有积极的影响，但是也应该注意到不同地区、不同所有制结构的企业，工会对工人的保护程度是不同的（Ge，2007；Lee，2009）。

国外关于工会作用的实证研究已非常丰富，相比之下，由于微观数据的匮乏，国内实证研究还比较少（Budd et al.，2014），相关研究还主要停留在定性研究和个案研究的阶段。迫于经济全球化、国内市场化改革、劳动争议案件的升级以及群体性事件的爆发，近年来，在中国政府的推动下，工会获得了很大的发展，是世界上会员人数最多的国家。然而，由于中国的企业工会奉行“党政主导”的工作模式，缺乏独立运行机制，面对激烈的劳资冲突甚至不敢直面矛盾（乔健、钱俊月，2010），没有建立起真正的集体谈判机制（collective bargaining），而且更不拥有劳动供给垄断权和合法的罢工权，所以，关于中国工会是否能够真正代表和维护工人的劳动权益，作用有多大，饱受众多学者（Chen，2003；Clarke et al.，2004；Taylor and Li，2007）的质疑。

可喜的是，近些年涌现出来的实证研究成果表明，中国工会正发生越来越重要的作用。例如，Yao 和 Zhong（2013）与 Lu 等（2010）利用实际调研数据进行的实证分析，发现工会能够显著地提高工人的小时平均工资，缩短每月的劳动时间。这些微观研究至少在样本范围内，说明中国的企业工会在提高会员工资福利，维护劳动者的基本劳动权益方面发挥了一定作用，在一定程度上缓和了紧张的劳资关系。相关领域更多的实证成果可以用一张表来总结（见表 1）。从表中展示的文献来看，国内多数研究认为中国工会在劳动者工资与社会保险等福利方面发挥了积极的作用，但在具有政治关联的企业中，工会的工资效应会被显著地削弱（杨继东、杨其静，2013），只有个别研究（易定红、袁青川，2015）得出工会没有明显的工资溢价效应的结论。

在具有显著劳动力市场制度分割的中国，长期处于二级劳动力市场的农民工是否也能享受到工会的工资福利效应呢？这方面还缺乏广泛的关注和深入的研究，且研究结论也缺乏一致性。孙中伟、贺霞旭（2012）对以农民工为主体的外来工的调查研究发现，中国工会只能保障劳动者底线型的权益，而对工资增长没有作用，甚至可能降低工资水平，他们对此的解释是，这是由中国工会独特的作用机制所致，虽然中国工会对于保护外来劳工的权益具有一定正面的效果，但其作用的发挥不是通过集体谈判、集体合同和意见表达，而是通过一种类似田间的“稻草人机制”，只具有威慑和宣示存在的作用。另外两项研究则显示工会参与能够显著提升农民工工资率（李龙、宋月萍，2017），工会对流动人口群体的维护作用更大，不仅可以提升流动人口的工资收入，还可以有效地减少工人的工作时间（纪雯雯、赖德胜，2019）。

表 1　　国内工会对劳动者权益保护的实证研究归纳

研究	数据来源	自变量	因变量	实证方法	主要结论
姚先国等，2009	浙江省 2004 年经济普查数据	工会覆盖率、个人禀赋变量、企业特征变量	平均工资和分类的福利变量	OLS 估计	工会对职工工资、劳动和待业保险费、养老保险和医疗保险费的作用也有积极影响
孙中伟、贺霞旭，2012	2010 年对珠三角和长三角 19 个城市外来工进行的问卷调查数据，共 4000 多个样本	有无工会、是否为工会会员、地区变量、行业特征变量、企业特征变量	小时最低工资标准执行情况、月平均工资、劳动权益类变量	OLS 估计与 Logit 模型	工会对外来工的最低工资符合率、强迫劳动、社会保险等劳动权益具有显著的保障作用，但对工资增长无显著作用，反而可能降低工资水平
李永杰等，2013	2008 年中国社会综合调查开放数据库 2766 个观测值	工会身份、个人特征变量、企业特征变量、是否签订劳动合同	职工年度工资	分位数回归模型	工会工人相比于非工会工人具有显著更高的工资水平和更低的工资不平等
魏下海等，2013	2010 年全国民营企业调查数据	是否建立工会、企业特征变量、企业主个人特征变量、人力资本变量、地区与行业效应变量	工资率、劳动生产率	Ttreatment-effect Model	工会有助于企业工资率的提升，但无助于缩小收入分配差距
刘海洋等，2013	第一次全国经济普查的企业微观数据，共 25 万多家企业	是否成立工会的虚拟变量、工会人数占比、国有企业、外资企业、企业规模、人均固定资本、企业成立年限，地区与行业效应变量	人均工资水平、三险一金、人均培训费用、人均福利费用	OLS 估计	工会对人均工资、三险一金和福利费有显著的正向影响

续表

研究	数据来源	自变量	因变量	实证方法	主要结论
杨继东、杨其静，2013	2006 年春季对全国 12 个城市 1268 家企业的调查	企业是否有工会、是否存在政治关联、企业特征变量、企业绩效、行业与地区特征变量	平均小时工资对数	OLS 估计与工具变量法	工会能够普遍地提高工人工资，但在具有政治关联的企业中工会的工资效应被显著地削弱
王鸣、李永杰，2014	2013 年广东佛山南海企业—员工匹配数据，共 3101 个有效样本	工会会员身份、企业是否建立工会、企业特征变量、个人特征变量、生产要素性质	工资、员工工作时间、参加社会保险情况、参与企业培训情况	OLS 估计	工会对员工的工资、社会保险福利等经济利益有明显促进作用，能关注员工的培训发展，但对工作时间没有显著影响
魏下海等，2015	2012 年第十次全国私（民）营企业抽样调查，共 2169 个样本	企业是否建立工会、行业效应变量、企业特征变量、平均工资、市场需求困境、企业缴纳税费、企业主政治身份	长期雇佣占比、短期雇用占比、临时雇佣占比	Treatment-effect Model	工会可以显著增加企业长期雇佣占比，减少短期雇佣占比，即工会显著地促进了雇佣关系稳定性
明娟、曾湘泉，2015	中国雇主—雇员匹配数据追踪调查(2012)，350 家企业样本和 3566 名员工样本	企业是否设专职工会主席和企业特征变量	提高员工工资、发加班费、工伤补偿、改善工作环境、减少解雇员工等	多变量 probit 模型	工会主席专职化强化了工会在工伤补偿、改善工作环境及改善住宿方面的作用，而在提高员工工资、发加班费及减少解雇方面的作用并不显著
易定红、袁青川，2015	2008 年中国社会综合调查数据，有效样本为 5977 个	工人是否加入工会、资源禀赋、工作特征禀赋、组织特征禀赋等变量	平均工资对数	Blinder-Oaxaca 分解法	工会对工资没有明显的直接影响

综观现有研究有两点明确的发现：第一，工会在不同国家、不同性质的组织中、在不同群体中的维权效应不同（Ge，2007；Lee，2009；纪雯雯、赖德胜，2019），这可能源于工会发挥作用的体制、机制不同，也可能在于研究方法和样本的差异；第二，目前对于工会在农民工群体中的维权效应的研究还处于零星的、不系统的状态，近期的两项研究主要集中在工会对农民工或流动人口的工资效应、工作时间效应方面，对于工会在就业岗位维护、社会保障方面的作用并未关注。事实上，在社会经济实践中，农民工就业不稳定，加班严重，社会保险覆盖率低远低于城镇其他职工，合法劳动权益遭受侵犯的现象屡见不鲜。农民工已经成为职工的重要组成部分（燕晓飞，2018），工会在维护农民工劳动权益中是否有所作为？发挥了怎样的作用呢？这是本文关注的焦点。

本文可能的贡献在于两个方面：一是构建了多维的劳动权益分析框架，将研究的焦点聚在农民工群体，全面分析了工会在农民工工资确定、工作时间、就业稳定性、“五险一金”社会福利方面发挥的作用；二是采用 TSLS 估计和扩展回归模型（Extended Regression Models，ERM）来解决工会二分类解释变量的内生性问题，在研究方法上拓展了相关领域的研究，丰富了这个领域的研究技术。

三、数据来源说明及主要变量描述统计

（一）数据来源说明

目前未看到公开发布的农民工调查数据库，因流动人口中的主体为农民工，故本文使用了国家卫生和计划生育委员会（现为国家卫生健康委员会）流动人口动态监测调查数据，根据研究的需要，从中选择了 2014 年社会融合专题调

查数据库C卷，该数据库调查对象为调查前一个月流入本地但非本区（县、市）户口且年龄在15 ~ 59岁的流入人口，调查区域涵盖北京市朝阳区、浙江省嘉兴市、福建省厦门市、山东省青岛市、河南省郑州市、广东省深圳市和中山市、四川省成都市共8个地区，这些城市均属于农民工流入人口规模比较大的地区，基本能够反映我国农民工就业的主要特征和面临的问题。该数据库与本文相关的调查信息包括基本情况、流动人口的就业与收入支出、公共服务与社会保障、社会融合等方面的问题。数据库最终共获得15999个流动人口样本。

按照国家统计局对农民工的界定，农民工是指有农业户口，有承包土地，但离开户籍所在地，主要从事非农产业的人员。根据这一界定可以从流动人口样本中筛选出13759个农业户口的流动人口，再根据工会发挥作用的现实条件，即流动人口的“就业身份”为雇员，从中去除掉雇主身份、自营人员与其他兼职人员、信息缺失样本后可供研究的工会可以干预的农民工样本为8586个。

（二）农民工工会参与及权益保障状况统计描述

在受雇农民工样本中，只有10.7%的农民工加入了工会。早在2017年，中华全国总工会书记处书记在全国工会基层工作会议上的讲话中提出，在各类法人单位工会组建率和职工入会率要动态保持在80%以上。2018年底，中华全国总工会领导人在全国工会推进货车司机等群体入会工作现场经验交流会上提出，力争到2020年底实现全国农民工入会率达到55%。就本文的样本显示农民工入会率与全体职工的入会率相比是较低的，与全国农民工入会的目标相比差距是比较大的。如表2、表3所示，按照农民工是否加入工会将其分为工会组与非工会组，显然，工会组农民工的权益更容易得到保障，这可以通过四个类别的劳动权益性统计指标来反应。第一，无论从均值、中值还是四分位上的农民工收入来看，工会组农民工收入明显偏高100 ~ 200元；第二，如果用签订合同的类型来表示农民工就业稳定性状况的话，工会组农民工签订劳动合同率及无固定期限劳动合同率更高，无工会组农民工有近 1/3 未签订劳动合同，工会组农民工的就业明显更加稳定、更有保障；第三，工会组农民工平均每周工作 6 天及以上的比例比非工会组低 10.7 个百分点，平均每天工作 9 小时以上的比例比非工会组低 4.6 个百分点，即非工会组农民工的工作时间更长；第四，工会组农民工拥有养老、医疗、失业、工伤、生育、住房保障的比率高于非工会组 20 ~ 46 个百分点，尤其在失业保险、医疗保险、工伤保险的覆盖率方面，工会组比非工会均高出 40 个百分点以上。

表 2　　　　农民工某月工资性收入　　　　单位：元

统计量		工会组	非工会组
均值		3421	3229
中值		3100	3000
百分位数	25 分位	2594	2400
	50 分位	3100	3000
	75 分位	4000	3800

表 3　　　　农民工权益保障状况描述性统计

农民工权益保障状况 频数		工会组		非工会组	
		百分比	频数	百分比	频数
签订何种合同	无固定期限	11.8	109	11.6	889
	有固定期限	82.9	764	50.3	3858
	完成一次性工作任务或试用期	0.7	6	2.0	150
	未签订劳动合同	4.1	38	32.5	2487
	不清楚及其他	0.5	5	3.6	280
	合计	100	922	100	7664
上个月（或上次就业）平均每周工作几天	4 天及以下	1.3	12	1.2	89
	5 天	28.6	264	18.0	1377
	6 天及以上	70.1	646	80.8	6191
	合计	100	922	100	7664

续表

农民工权益保障状况 频数		工会组		非工会组	
		百分比	频数	百分比	频数
上个月（或上次就业）平均每天工作几小时	8 小时	52.4	483	46.4	3557
	9 小时	6.3	58	12.0	917
	10 小时	20.8	192	23.9	1832
	11 小时	8.4	77	3.9	298
	12 小时及以上	9.3	86	9.6	796
	合计	100	922	100	7664
是否有失业保险	有	70.8	653	30.3	2601
	无	27.9	257	67.0	5758
	不清楚	1.3	12	2.7	228
	合计	100	922	100	7664
是否有住房公积金	有	31.6	291	11.5	990
	无	67.4	621	86.2	7402
	不清楚	1.1	10	2.3	195
	合计	100	922	100	7664
是否有城镇职工养老保险	有	75.8	699	36.1	3098
	无	23.1	213	61.4	5273
	不清楚	1.1	10	2.5	216
	合计	100	922	100	7664
是否有城镇职工基本医疗保险	有	75.1	692	34.7	2980
	无	24.9	230	65.2	5600
	不清楚	0	0	0.1	7
	合计	100	922	100	7664
是否工伤保险	有	79.8	736	33.6	2574
	无	20.2	186	66.3	5084
	不清楚	0	0	0.1	5
	合计	100	922	100	7664
是否有生育保险	有	63.3	584	24.7	2122
	无	36.7	338	75.2	6455
	不清楚	0	0	0.1	10
	合计	100	922	100	7664

虽然上述工会组农民工拥有更高的工资收入、更为稳定的就业、更多的休息时间、更好的社会保障，但能就此认为工会在维护农民工权益中发挥了积极的作用吗？显然答案是不确定的。对此很多学者进行过探讨，首先，在没有控制其他变量的情况下很难断然下结论，如个人特征、企业特征变量、行业与地区变量等都是决定农民工工资福利水平的重要因素（李龙、宋月萍，2017）；其次，农民工是否加入会员并非一个随机行为或随机选择的结果（纪雯雯、赖德胜，2019；李龙、宋月萍，2017；魏下海、董志强、金钊，2015；姚洋、钟宁桦，2008），而可能遵循某些选择机制，即农民工是否加入工会具有一定的内生性。这可能和农民工所在企业性质有一定的关联，国有企业组织化程度高，政府对其的影响力和强制力强，组建工会的可能性大，民营私营企业组织化程度低，政府介入少，工会组建率低，在这种情况下农民工入会就是一种被选择机制。文化程度高的农民工加入工会的可能性大，工资福利也更好，这是农民工入会的自选择机制。

四、工会对农民工劳动权益的影响

（一）分析框架

劳动权益是在劳动关系中的劳动者在履行劳动义务的同时所享受的基本权益（常凯，1995；孙中伟、贺旭霞，2012）。劳动权益的主体是劳动者，其存在的前提是“受雇佣”，因此，本文所用样本中的农民工的就业身份均为雇员。劳动权益包含个体层面的权益和集体层面的权益。个体层面的劳动权益主要指工资性收入权益、休息休假权益、就业的稳定性及就业的保障性。集体层面的权益则主要指常凯教授（2002）所提的“劳动三权”，即劳动团结权、集体谈判权和集体行动权。受数据的限制，本文主要关注农民工个体层面的四类权益，分别用工资收入水平、工作时间、工作的稳定性（是否签订劳动合同或劳动合同的时限）及是否享受社会保险与公积金来衡量。

劳动者权益保护状况主要取决于哪些因素呢？美国明尼苏达大学劳资关系教授约翰·W. 巴德（2007）做出过明确的阐述，他认为劳动者权益保障状况从根本上取决于劳动关系所涉及的劳动、资本和政府三方力量的对比。不言而喻，劳动者素质越高、工会的力量越强大、劳动立法保护越严格，劳动者的权益就越容易实现，反之资方管理水平、控制能力越强，劳动者权益就越容易受到侵害。劳动者一方的力量主要表现为劳动者本人的人力资本积累，以及劳动者的利益代言人——工会组织的作用；资方力量主要体现为雇主的性质、所处行业、管理水平等；政府则主要通过劳动立法、劳动监察等手段保障劳动者的合法劳动权益。由于在一定时间内劳动立法水平是既定的，假定其对所有劳动者的影响是无差异的，故在本文中不做重点讨论。排除政府的因素，本文将以巴德（2007）的分析框架构设定模型，解释变量包括三类。第一类是本文重点关注的是否加入工会的二值虚拟变量（Union）；第二类是农民工个人特征类变量，具体包括：性别（gender_1）、受教育程度（edu_stat_1）、年龄（age）、职业（vocation）、是否参加政府提供的培训（whe_training3）、个人健康状况（health_eva）；第三类是企业、行业与地区类控制变量，包括就业单位性质（unit_quality）、行业（job_indu）、工作地点（job_place，包括市区、城乡接合部、县城、乡镇、农村）。

（二）工会对农民工权益发挥作用的实证估计

1. 工会对农民工工资的影响

卫计委（现国家卫健委）提供的关于工资的原始调查数据是月工资，为了剔除工作时长对工资的影响，本文利用数据库中有关工作时间的信息，分离出了小时工资数据，所以，本文实证部分所涉及的工资变量为小时工资的概念。回归模型以 Mincer 的工资决定模型为基础，加入了除人力资本之外的其他控制变量，具体估计模型如下：

$$\ln wage=\beta_{w0}+\beta_{w1}Union+\beta_{wi}X_i+\varepsilon_{wi} \tag{1}$$

其中，*wage* 为小时工资；Union 为是否加入工会的二值变量，若农民工加入工会组织，取值为 1，否则为 0；*X* 为其他控制变量，ε 为随机误差项。

1）OLS 估计。采用 OLS 方法对农民工小时工资的决定因素进行估计，结果如表 4 所示。工会对农民工工资的估计系数为正，且在 1% 的显著性水平下通过检验。具体地说，与没有加入工会的农民工相比，工会会员的身份使农民工的工资提高了 6.5%。其他如性别、文化程度、年龄、健康状况、农民工所处行业、工作地点、工作单位性质等变量也是重要的解释变量，在统计上均非常显著，都通过了 1% 的显著性水平检验。

本文重点关注工会对农民工权益的影响，故暂不对其他控制变量做详细讨论。虽然 OLS 的估计结果表明工会对提高农民工工资有明显的积极影响，但正如前述农民工加入工会并非一种随机选择，那些支付高工资的企业可能有更大的动机组建工会，更愿意接受工资集体协商（姚洋、钟宁桦，2008），即工会变量可能是内生的，OLS 方法可能会导致有偏且非一致性的估计，为了克服这一内生性问题，下面采用两阶段最小二乘法（TSLS）进行估计。

表 4　　工会对工资的影响估计

	OLS 估计	TSLS 估计					LIML 估计	
		第一阶段		第二阶段				
	回归系数	t 值	回归系数	t 值	回归系数	z 值	回归系数	z 值
性别	0.171***	18.27	0.010	1.68	0.170***	18.22	0.170	18.50
文化程度	0.129***	22.30	0.031***	7.88	0.126***	20.61	0.126	19.88
工会	0.065***	4.33			0.128**	2.33	0.128	2.36
职业	0.003***	−7.40	−0.000***	−3.07	−0.003***	−7.20	−0.003	−6.89
工作行业	0.009***	−8.63	−0.008***	−11.36	−0.009***	−7.72	−0.009	−7.17
就业单位性质	0.019***	6.26	0.010***	4.97	0.018***	5.92	0.018	5.56

续表

	OLS 估计	TSLS 估计					LIML 估计	
		第一阶段		第二阶段				
	回归系数	t 值	回归系数	t 值	回归系数	z 值	回归系数	z 值
工作地点	0.017***	−5.21	0.003	1.58	−0.017***	−5.27	−0.016	−5.20
健康状况	0.015***	−3.17	0.006*	1.80	−0.016***	−3.23	−0.015	−3.25
是否参加政府提供的培训	0.035***	−3.35	0.000***	0.07	−0.039***	−3.55	−0.038	−3.54
年龄	0.005***	9.37	0.001	3.25	0.005***	9.19	0.005	8.83
截距项	2.024***	42.47	−0.086***	−2.63	2.028***	42.42	2.028	41.09
是否参加过社区文体活动			0.136***	16.33				
是否参加过社会公益活动			0.077***	8.69				
是否参加过选举活动			0.175***	8.65				

注：*表示p<0.1，**表示p<0.05，***表示p<0.01。

2）TSLS 估计。TSLS 估计最重要的是寻找工具变量，工具变量需要满足两个条件：一是能够很好地解释内生变量；二是工具变量要来自系统之外，具备外生性。根据这两个要求，本文在所用数据库中选择了 parti_commes（近期是否在本地参加过社区文体活动）、parti_charity（近期在本地是否参加过社会公益活动）、election（近期在本地是否参加过选举活动）三个工具变量。这三个变量均能从一定程度上反映农民工主观的服务意识、责任意识、公益意识、参与意识、权利意识，这些认识与工会维护会员劳动经济权益、为会员谋福利的职能要求是高度一致的，也就是说参与选举活动、社会公益活动和文体活动有助于促进农民工对工会的了解，进而强化加入工会的动机和实践行动。所以，我们将这三个变量作为本文的候选工具变量，预测这三个变量与工会变量（Union）具有正的相关性。第一阶段估计结果也印证了我们的预测，三个变量不仅在统计上显著，通过了 1% 显著性水平的检验，而且在经济上也有非常明显的正向影响，即参与社区文体活动、社会公益活动与选举活动的农民工更愿意加入工会，具体估计结果见表 4 第一阶段估计。但工具变量是否有效还需要进行外生性检验和弱工具变量检验。在统计上可以利用过度识别检验（tests of overidentifying）来验证工具变量的外生性，Sargan 与 Basmann 统计量的 p 值都达到 0.7，说明不能拒绝工具变量外生的原假设，即在控制了其他变量的情况下，工具变量是外生的，与误差项不相关，TSLS 估计是一致的。但不能排除存在有偏估计，还需进行弱工具变量检验，Minimum eigenvalue statistic 统计量达到 232.5，远大于 10，说明可以拒绝“弱工具变量”的原假设，不存在弱工具变量的问题。但为了稳健起见，使用对弱工具变量更不敏感的最大似然法（LIML）进行估计（见表 4），结果显示，LIML 的系数估计值与 TSLS 高度相似，这进一步从侧面证明“不存在弱工具变量”。

究竟使用 TSLS 估计还是 OLS 估计取决于工会变量是否为内生的，这需要借助豪斯曼检验或异方差更为稳健的杜宾—吴—豪斯曼（DWH）检验来判断。本文使用 DWH 检验的 p 值为 0.09，这表明不能接受工会变量是外生的这一原假设，说明工会变量具有一定的内生性，使用利用工具变量的 TSLS 估计更准确。TSLS 估计显示工会变量在 5% 的显著性水平下通过检验，和 OLS 估计结果相比，系数明显变大，达到 0.128，即相比那些没有加入工会的农民工，加入工会可以使农民工工资上升 12.8%，同时也说明由于工会的自选择机制，采用 OLS 估计会低估工会的工资效应。

2. 工会对农民工工作时间的影响

《工会法》规定：“企业、事业单位违反劳动法律、法规规定，随意延长劳动时间，工会应当代表职工与企业、事业单位交涉，企业、事业单位应当予以研究处理，并向工会做出答复；企业、事业单位拒不改正的，工会可以请求当地人民政府依法做出处理。”可见，工会维护劳动者的休息权利以避免过度劳动具有法律依据。那么在实践中工会在这方面是否发挥了作用？发挥了什么样的作用呢？本文通过下面的模型回归来加以验证。

根据现有文献，工作时间回归模型采用一般线性模型，具体形式如下：

$$hours = \beta_{h0} + \beta_{h1}Union + \beta_{hi}X_i + D_i + \varepsilon_{hi} \tag{2}$$

式中因变量 *hour* 含义为“上个月（或上次就业）平均每天工作的小时数”，解释变量与方程（1）相同。

工作时间决定模型的估计方法和步骤与上面工资决定模型的估计一样，首先采用 OLS 估计，再考虑工会的内生性问题，采用两阶段最小二乘法（TSLS）予以克服。回归结果见表 5。OLS 估计显示，工会变量并未通过检验，即工会对农民工工作时间没有明显的作用。但在随后的 TSLS 估计（工具变量与上同）中，工会变量通过了 1% 的显著性水平的检验，工会系数为 -0.831，表明和没有加入工会的农民工相比，加入工会的农民工平均每天工作时间减少 0.8 小时。当然这一结果是否可靠，还需经过与上述工资决定方程回归类似的一系列检验。Sargan 与 Basmann 统计量的 p 值均为 0.52，表明工具变量是外生的，使用 TSLS 估计是一致的。Minimum eigenvalue statistic 统计量达到 254.1，加之进一步用最大似然法（LIML）估计的结果与 TSLS 非常接近，说明不存在弱工具变量的问题。内生性检验（endogeneity test）得到的 Durbin 与 Wu-Hausman 检验的 p 值均为 0.00，表明检验结果可以在 1% 的显著性水平下拒绝工会变量是外生的这一原假设。在存在内生性问题的情况下，TSLS 估计更为准确。因此，从表 5 的两阶段回归结果来看，工会确实在缩短农民工工作时间方面发挥了积极的作用，这和很多研究的结论是一致的（纪雯雯、赖德胜，2019；姚洋、钟宁桦，2008）。其他控制变量除了就业单位性质外，性别、文化程度、职业、工作行业、工作地点、健康状况与年龄变量均在 1% 的显著性水平下通过检验，都是影响农民工工作时间的特征变量。

表 5　　工会对工作时间的影响估计

	OLS 估计		TSLS 估计				LIML 估计	
			第一阶段		第二阶段			
	回归系数	t 值	回归系数	t 值	回归系数	z 值	回归系数	z 值
性别	0.187***	5.86	0.010	1.68	0.192***	5.91	0.192***	5.93
文化程度	−0.270 ***	−13.65	0.031	7.88	−0.235***	−11.07	−.235***	−11.32
工会	0.022	0.43			−0.831***	−4.52	−0.832***	−4.67
职业	0.011***	8.03	−0.000	−3.09	0.010***	7.15	0.010***	7.77
工作行业	−0.008***	−2.27	−0.008	−11.35	−0.014***	−3.64	−0.014***	−3.70
就业单位性质	−0.003	−0.34	0.010	4.98	0.005	0.52	0.005	0.50
工作地点	0.068***	6.25	0.003	1.57	0.070***	6.27	0.070***	6.29
健康状况	0.051***	3.09	0.006	1.80	0.055***	3.23	0.055***	3.18
年龄	−0.009***	−4.72	0.001	3.26	−0.008***	−4.06	−0.008***	−3.96
截距项	9.486	58.18	−0.085	−2.63	9.445	57.00	9.445	58.33
是否参加过社区文体活动			0.136	16.58				
是否参加过社会公益活动			0.077	8.77				
是否参加过选举活动			0.176	8.67				

注：*表示p<0.1，**表示p<0.05，***表示p<0.01。

3. 工会对农民工就业稳定性的影响

就业的保障性（security）一直以来是西方国家政府与理论界高度关注的社会问题，Witlhagen（2004）对就业的保障性作了清晰的界定，概括为四个方面，包括就业岗位的保障性、就业状态的保障性、收入的保障性和组合保障性。其中首要的是就业岗位的保障性，即指雇员能够就职于同一企业或雇主并保持其工作任期的持续性，即就业的稳定性。灵活化、短期化、保障性差是农民工就业的主要特点，频繁地变换工作客观上造成农民工社会保险难以接续，在退出劳动力市场后缺乏保障。因此，稳定的就业不论对农民工自身还是对社会均有重要意义。国内对于农民工是否能够就业、农民工工资及其决定方面有海量的研究，而对农民就业的稳定性方面关注不够（张艳华、沈琴琴，2013）。在全球经济低迷、我国经济增速放缓、产业结构升级加速时期，农民工作为劳动力市场的弱势群体最先受到失业的冲击，所以，在这一经济环境下，强调就业的稳定性非常重要和现实。纵观欧美各国的经济转型历程，工会的作用是影响就业稳定性变化的一个重要制度性因素。中国工会在这方面的作用是否有所体现呢，可以通过以下模型予以验证。

关于就业稳定性，学界经常用劳动合同期限来衡量。在本文所使用的数据库中，排除掉一些“不清楚”的回答，劳动合同期限分无固定期限合同、固定期限合同、完成一次性工作任务或试用期的合同和未签订劳动合同四种类型，属于分类变量。经平行性检验，P 值小于 0.05，不符合有序次 Logit 回归的条件，故模型形式适于采用因变量各类别之间无序次关系的 Multinomial Logit Model。模型设定形式如下：

$$\ln\left[\frac{p(y=j/x)}{p(y=J/x)}\right]=\alpha_j+\sum_{k=1}^{K}\beta_{jk}x_k \quad (3)$$

反映就业稳定性的第 j 种合同类型相对于参照合同类型的发生概率可以由下式进行估计：

$$p(y=j/x)=\frac{e^{\alpha_j+\sum_{k=1}^{K}\beta_{jk}x_k}}{1+\sum_{j=1}^{J-1}e^{\alpha_j+\sum_{k=1}^{K}\beta_{jk}x_k}} \quad (4)$$

由于在本文所用数据库中劳动合同期限有 4 个类别，所以，对应有 3 个对数发生比方程：

$$\ln\left(\frac{p_1}{p_4}\right)=\alpha_1+\sum_{k=1}^{K}\beta_{1k}x_k \quad (5)$$

$$\ln\left(\frac{p_2}{p_4}\right)=\alpha_2+\sum_{k=1}^{K}\beta_{2k}x_k \quad (6)$$

$$\ln\left(\frac{p_3}{p_4}\right)=\alpha_3+\sum_{k=1}^{K}\beta_{3k}x_k \quad (7)$$

其中，p_1、p_2、p_3、p_4 分别表示合同期限为无固定期限、固定期限、完成一次性工作任务或试用期合同和未签订劳动合同，x 为解释变量。

由于农民工多从事餐饮、建筑、保安、家政、生产、装修等职业，这些职业的就业灵活性都偏高，同质性强。另外，男女性在就业期限方面区别度不大。所以，在初次回归中职业变量与性别变量不显著，剔除了这类变量后模型的统计值更加理想，回归结果见表 6。Logit 模型回归系数 B 的含义与一般线性回归模型不同，它反映的是在控制其他变量的情况下，该自变量变化引起不同类别因变量的对数发生比的变动，要反映两类因变量的发生比，需要将 B 转换为 Exp（B），见表 6 中最后一列。可以看出，文化程度、工会、工作行业、就业单位性质、工作地点、年龄都是决定农民工就业稳定性的因素，其中工会变量的 Exp（B）最大，其含义为和没有加入工会的农民工相比，加入工会的农民工签订无固定期限合同、固定期限合同和一次性工作任务合同的概率更大。具体来说，加入工会，农民工签订无固定期限合同、固定期限合同和一次性工作任务合同的可能性分别是没有加入工会农民工的 7.14 倍、11.03 倍和 2.45 倍。《劳动合同法》第六条明确规定，“工会应当帮助、指导劳动者与用人单位依法订立和履行劳动合同，维护劳动者的合法权益”，由此推断工会可能在依法帮助农民工签订劳动合同、维护农民工就业稳定性方面发挥了重要的作用。

同样的，与上述工资收入的决定、工作时间的决定模型一样，在就业稳定性的回归方程中也可能存在工会变量的内生性问题，遗憾的是目前的研究对因变量为无序分类变量的模型缺乏有力的解决措施。有少量文献探索了 Logit Model 与 Probit Model 的内生性检验方法及其在 Stata 软件中的应用，但是这一检验方法应用的前提是内生变量是连续变量（袁微，2018），而本文中涉及的内生变量——工会变量为分类变量。另外，最近两年 Stata 15.0 软件支持的扩展回归模型（Extended Regression Models）可以解决大部分内生性问题，这其中也包括定序多元选择回归的内生性处理（Ordered probit regression with endogenous treatment），但对于因变量为无序分类变量的情况也没有切实可行的解决办法。

表 6　　工会对就业稳定性的影响估计

合同期限	Coef.（B）	Std. Err.	z	P>|z|	Exp(B)
无固定期限					
文化程度	0.453	0.048	9.37	0.000	1.57
工会	1.966	0.193	10.16	0.000	7.14
工作行业	−0.044	0.008	−5.10	0.000	0.96
就业单位性质	0.096	0.025	3.80	0.000	1.10
工作地点	−0.102	0.027	−3.75	0.000	0.90
年龄	0.024	0.004	5.41	0.000	1.02
截距项	−3.429	0.329	−10.39	0.000	0.03
固定期限					
文化程度	0.539	0.035	15.38	0.000	1.71
工会	2.401	0.169	14.16	0.000	11.03
工作行业	−0.063	0.006	−10.43	0.000	0.94
就业单位性质	0.114	0.018	6.31	0.000	1.12
工作地点	0.036	0.017	2.04	0.041	1.04
年龄	0.014	0.003	4.67	0.000	1.01
截距项	−2.202	0.229	−9.59	0.000	0.11

续表

合同期限	Coef.（B）	Std. Err.	z	P>|z|	Exp(B)
完成一次性任务或试用期					
文化程度	0.491	0.099	4.92	0.000	1.64
工会	0.895	0.448	2.00	0.046	2.45
工作行业	0.005	0.017	0.33	0.739	1.01
就业单位性质	0.047	0.058	0.82	0.413	1.05
工作地点	0.080	0.057	1.41	0.158	1.08
年龄	−0.020	0.010	−1.91	0.056	0.98
截距项	−2.202	0.229	−9.59	0.000	0.11
未签订劳动合同 (base outcome)					

4. 工会对农民工“五险一金”法定福利的影响

工会维护职工的社会福利有明确的法律依据，《工会法》共有三条相关的规定：第六条规定“维护职工合法权益是工会的基本职责，工会通过平等协商和集体合同制度代表和维护职工的合法权益”；第三十条规定“工会协助企业、事业单位、机关办好职工集体福利事业，做好工资和社会保险工作”；第三十八条规定“企事业单位召开讨论有关工资、福利、社会保险等涉及职工切身利益的会议，必须有工会代表参加”。《劳动合同法》（2012 年修正）第四条也规定用人单位在制定、修改或者决定有关劳动报酬、保险福利等直接涉及劳动者切身利益的规章制度或者重大事项时，应当经职工代表大会或者全体职工讨论，与工会或者职工代表平等协商确定。按照法律规定，工会虽然对劳动者社会福利没有直接决策权，但有知情权、参与权，工会可以依法为改善劳动者的社会福利水平发声。但在实践中，工会这方面的作用受到诸多质疑，不少学者认为工会主席等成员通用行政任命产生（Chen Feng，2003），工会工作不独立，集体谈判形式化、立法滞后、主体缺位和内容僵化（吴清军，2012；王越乙，2014；程延园，2004），工会更大程度上是政府的附属机构（姚先国、郭东杰，2004）。但如前面文献所述，近年来的实证研究成果表明工会在保障劳动者福利方面发挥了积极的作用。究竟工会对农民工这方面的权益保障如何，下面的实证分析将予以验证。

在本文所用数据库中，关于农民工是否有“五险一金”问题的回答共有 3 个选项，即是、否与不清楚，剔除掉不清楚的答案，是否拥有“五险一金”这类因变量是二分类变量，所以，回归方程形式与方程（4）相同，式中因变量分别为是否拥有养老保险、失业保险、城镇职工医疗保险、工伤保险、生育保险与公积金的二分类变量，主要解释变量与前述方程相同，个别变量根据回归统计的效果进行相应调整。

考虑到工会可能的内生性问题，本部分回归将采用 Extended Regression Models，此模型为目前解决二元选择模型中分类变量内生性问题的最佳方法，回归结果见表 7。从工会与误差项的相关系数一行可以看出各模型的相关系数均不为 0，除了公积金模型在 10% 的显著性水平下通过检验以外，其他五个模型均在 1% 的显著性水平平下通过检验，说明工会变量确实存在内生性问题。由于工会与误差项的相关系数为负，所以，工会变量的未观察到的因素会在一定程度上降低农民工加入社会保险的比率。

模型总体回归结果良好，所有模型的大部分变量在 1% 的显著性水平下通过了检验，农民工文化程度、是否加入工会、所从事职业、工作所在行业、就业单位的性质都是影响农民工拥有法定福利的因素。各模型的文化程度的系数均为正，且在有工会的情况下系数更小，说明工会解释了一部分文化程度的影响，加入工会的农民工的“五险一金”福利部分来自工会的保障。除了公积金模型外，其余各模型主方程中工会的系数均为正，表明加入工会对改善农民工的社会保障水平有积极的影响。从 Exp（B）值来看，加入工会的农民工获得养老保险、失业保险、城镇职工医疗保险、工伤保险、生育保险的概率分别是没有加入工会农民工的 5.27 倍、5.89 倍、4.86 倍、3.75 倍和 8.63 倍。尽管工会的未观察到的因素会对农民加入社会保险有一定的负面影响，据测算这一影响在各模型中仅仅在 6 个百分点以下，可以忽略不计。值得注意的是工会对农民工的公积金福利没有明显影响，在回归中未通过检验，其中可能的原因是工会维护劳动者的公积金福利缺乏明确的法律支持，且公积金福利相对于社会保险福利而言是更高层级的保障，在这方面主要取决于雇主的决策。

表 7　　工会对法定福利的影响估计

	养老保险模型	失业保险模型	医疗保险模型	工伤保险模型	生育保险模型	公积金模型
工会 # c. 文化程度						
0	0.2280***	0.3147***	0.2098***	0.2724***	0.2564***	0.4270***
1	0.1192***	0.1773***	0.1354***	0.1372***	0.0802**	0.4346***
工会 # c. 职业						
0	−0.0052***	−0.0040***	−0.0048***	−0.0020*	−0.0068***	−0.0061***
1	−0.0125***	−0.0140***	−0.0110***	−0.0032	−0.0108***	−0.0137***
工会 # c. 工作行业						
0	−0.0309***	−0.0273***	−0.0262***	−0.0459***	−0.0203***	−0.0167***
1	−0.0548***	−0.0604***	−0.0528***	−0.0609***	−0.0550***	−0.0327***
工会 # c. 单位性质						
0	0.0542***	0.0536***	0.0494***	0.0558***	0.0498***	0.0915***
1	0.0370	0.0177	0.0170	0.0283	−0.0587***	0.0769***
工会						
0	−1.1592***	−1.7361***	−1.1835***	−1.3370***	−1.6133***	−2.996
1	1.6621***	1.7725***	1.5811***	1.3216***	2.1557***	−1.7023
Exp（B）	5.27	5.89	4.86	3.75	8.63	0.18
工会						
单位性质	0.06653***	0.0674***	0.0663***	0.0663***	0.0665***	0.0643***
社区文体活动	0.8383***	0.8528***	0.8372***	0.8353***	0.8544***	0.8280***
_cons	−1.9361***	−1.9431***	−1.9406***	−1.9406***	−1.9438***	−1.9240***
工会与误差项的相关系数	−0.4329***	−0.6100***	−0.4251***	−0.4262***	−0.5841***	−0.0168*

注：*表示p<0.1，**表示p<0.05，***表示p<0.01。

五、结论与启示

中国存在明显的劳动力市场分割，农民工处于工资福利保障比较弱的二级劳动力市场，在我国经济增速放缓的背景下，劳动争议呈多发态势，农民工权益极容易遭受侵犯。工会作为保障劳动者权益的制度性力量，在维护农民工工资收入、休息权、就业稳定性、社会保险与公积金福利权益方面发挥了怎样的作用，工会的内生性问题该如何控制和解决，针对这些问题，本文基于 2014 年国家卫生和计划生育委员会（现为国家卫生健康委员会）流动人口动态监测调查数据，主要运用两阶段最小二乘法和扩展回归模型，研究发现：①工会不仅可以显著提高农民工的工资收入，降低农民工的工作时间，减少过度劳动问题，而且可以大幅度改善农民工的社会保险福利，提高农民工加入养老保险、失业保险、城镇职工医疗保险、工伤保险、生育保险的比率；②成为工会会员对农民工的公积金福利没有明显的影响；③工会在促进农民工就业稳定性方面发挥了积极的作用，加入工会的农民工签订无固定期限合同、固定期限合同和一次性工作任务合同的可能性是没有加入工会农民工的数倍，但由于技术上无法解决 Multinomial Logit Model 的内生性问题，对于这一结论应谨慎看待。

本文的经验研究证明工会在保障农民工的工资收入、休息权、就业岗位稳定性和社会保险福利方面发挥了积极的作用，补充了我国有关工会职能方面的研究文献，为驳斥工会无用论提供了新的证据。同时，本研究也具有明确的政策含义，即不论工会发挥作用的途径如何，是通过如 Freeman 和 Medoff（1984）所说的与雇主进行真正的集体协商、集体谈判的方式，或收集会员反馈信息的集体发声机制，还是如孙中伟、贺霞旭（2012）所说的仅仅发挥威慑作用的田间“稻草人机制”，平均而言，只要加入工会，农民工的工资、社会保险福利、休息权益就得好更好的保障。因此，要改善农民工的工资福利状况，减少过劳问题的发生，当务之急是坚定不移地组织农民工入会，提高农民工的入会率。从本文样本数据来看，在 8586 个样本中，只有 10.7% 的农民工入会。从国家统计局发布的《2018 年农民工监测调查报告》来看，加入工会组织的进城农民工占已就业进城农民工的比重为 9.8%，可见，目前我国农民工入会率低，还有很高的提高空间，工会部门至少可以在三个方面作出应对。第一，着力利用微信、微博、短视频、新闻报道等多种媒体加大对工会作用的宣传，改变农民工对工会不了解、有误解的状况，增强农民工对工会的信心和信任；第二，在农民工聚集的社区、楼宇、工地等地积极主动作为，推动建立一批楼宇工会和区域工会；第三，针对农民工就业的非公企业规模小，人员流动性大的特点，优先在农民工集中的快递、外卖、卡车司机、餐饮等行业建立行业工会。在做好这些工作的同时扩大工会的影响力，增加农民工对工会的认可度，进而利用农民工的亲缘关系、地缘关系继续推进农民工在其他企业、行业和区域建会。

参考文献

1. Blanchflower D G, Bryson A..2010.The Wage Impact of Trade Unions in the UK Public and Private Sectors. Economica, 77(305), pp.92-109.

2. Booth, Alison L. and Bryan, Mark L..2004. The Union Membership Wage-Premium Puzzle: Is There a Free Rider Problem？.Industrial and Labor Relations, 57(3), pp.402-421.

3. Bennett and Kaufman (eds). 2007. What Do Unions Do: A Twenty-year Perspective. New Brunswick, NJ, Transaction Publishers.

4. Buchmueller, T. C. , Dinardo J. and Valletta R.G..2002. Union Effects on Health Insurance Provision and Coverage in the United States. Industrial and Labor Relations Review, 55(4), pp.610-627.

5. Budd, J. W. , Chi W. , Wang Y. and Xie Q..2012. What Do Unions in China Do？Provincial-Level Evidence on Wages, Employment, Productivity, and Economic Output. Journal of Labor Research, 35(2), pp.185-204.

6. Chen, F..2003. Between the State and Labor: the Conflict of Chinese Trade Unions' double Identity in Market Reform. The China Quarterly, 176(4), pp.1006-1028.

7. Clarke, S., Lee, C. H. and Li Q..2004. Collective Consultation and Industrial Relations in

China. British Journal of Industrial Relations, 42(2), pp.235-254.

8. D. G. Blanchflower and Bryson A..2010. The wage Impact of Trade Union in the UK Public and Private Sectors. Economica, 77(305), pp.92-109.

9. Freeman B..1981. The Effect of Unionism on Fringe Benefits. Industrial and Labor Relations Review, 34(4), pp.489—509.

10. Freeman B. and Medoff J..1984. What Do Unions do? .New York: Basic Books Press.

11. Ge Y..2007. What Do Unions Do in China? .Working Paper.

12. Lee, C. H..2009. Industrial Relations and Collective Bargaining in China. Working Paper, Industrial and Employment Relations Department, International Labour Office, Geneva.

13. Lu, Y. , Tao Z. and Wang Y..2010. Union Effects on Performance and Employment Relations: Evidence from China. China Economic Review, 21(1), pp.202-210.

14. Taylor, B. and Li Q..2007. Is the ACFTU a Union and Does It Matter ? Journal of Industrial Relations, 49(5), pp.701-715.

15. Walsworth, S..2010.Unions and Employment Growth: the Canadian Experience, Industrial Relations, 49(1), pp.142-156.

16. Yao, Y. and Zhong, N..2013.Unions and Workers' Welfare in Chinese Firms.Journal of Labor Economics, Forthcoming.

17. Yuan, Z. , Chen, J. and Wong P..2011.Effect of Trade Unions on Industrial Labor Income in China, Asian Politics and Policy, 3(1), pp.95-114.

18. 常凯 . 论社会主义市场经济条件下工会的地位 [J]. 中国劳动关系学院学报, 1995.

19. 程延园 . 集体谈判制度在我国面临的问题及其解决 [J]. 中国人民大学报, 2004.

20. 约翰·W. 巴德 . 人性化的雇佣关系——效率、公平与发言权之间的平衡 [M]. 北京: 北京大学出版社, 2007.

21. 纪雯雯, 赖德胜 . 工会能够维护流动人口劳动权益吗 [J]. 管理世界, 2019(2).

22. 李龙, 宋月萍 . 工会参与对农民工工资率的影响——基于倾向值方法的检验 [J]. 中国农村经济, 2017.

23. 李永杰, 魏下海, 蓝嘉俊 . 工会存在"工资溢价"吗? ——来自中国的经验证据 [J]. 华南师范大学学报(社会科学版), 2013.

24. 刘海洋, 刘峥, 吴龙 . 工会提高了员工福利和企业效率吗? ——来自第一次全国经济普查的微观证据 [J]. 产业经济研究, 2013.

25. 明娟, 曾湘泉 . 工会主席专职化对工会维权活动的影响效应——来自雇主—雇员匹配调查的证据 [J]. 经济与管理研究, 2015(1).

26. 乔健 . 在国家、企业和劳工之间：工会在市场经济转型中的多重角色——对 1811 名企业工会主席的问卷调查 [J]. 当代世界与社会主义，2008.

27. 乔健，钱俊月 . 对民营企业工会建设问题的思考 [J]. 中国人力资源开发，2010.

28. 孙中伟，贺霞旭 . 工会建设与外来工劳动权益保护——兼论一种 "稻草人机制" [J]. 管理世界，2012.

29. 王鸣，李永杰 . 中国工会是否改善员工工资福利？——来自 2013 年广东佛山南海企业—员工匹配数据的证据 [J]. 华南师范大学学报（社会科学版），2014.

30. 王永丽，郑玉 . 双重角色定位下的工会跨界职能履行及作用效果分析 [J]. 管理世界，2012.

31. 王越乙 . 企业集体谈判制度的困境及其优化路径 [J]. 管理世界，2014.

32. 魏下海，董志强，黄玖立 . 工会是否改善劳动收入份额？——理论分析与来自中国民营企业的经验证据 [J]. 经济研究，2013.

33. 魏下海，董志强，金钊 . 工会改善了企业雇佣期限结构吗？——来自全国民营企业抽样调查的经验证据 [J]. 管理世界，2015.

34. 吴清军 . 集体协商与 "国家主导" 下的劳动关系治理——指标管理的策略与实践 [J]. 社会学研究，2012.

35. 燕晓飞 . 中国职工状况研究报告 [M]. 北京：社会科学文献出版社，2019.

36. 杨继东，杨其静 . 工会、政治关联与工资决定——基于中国企业调查数据的分析 [J]. 世界经济文汇，2013.

37. 姚先国，郭东杰 . 改制企业劳动关系的实证分析 [J]. 管理世界，2004.

38. 姚先国，李敏，韩军 . 工会在劳动关系中的作用——基于浙江省的实证分析 [J]. 中国劳动关系学院学报，2009.

39. 姚洋，钟宁桦 . 工会是否提高了工人的福利 [J]. 世界经济文汇，2008.

40. 易定红，袁青川 . 中国工会存在工资溢价吗——基于控制样本选择性偏差的 Blinder-Oaxaca 回归分解 [J]. 经济理论与经济管理，2015.

41. 袁微 . 二值选择模型内生性检验方法、步骤及 Stata 应用 [J]. 统计与决策，2018.

42. 张艳华、沈琴琴，农民工就业稳定性及其影响因素——基于四个城市调查基础上的实证研究 [J]. 管理世界，2013（3）.

第四篇

技术与劳动就业

进入21世纪以来，以人工智能为代表的数字技术取得了前所未有的发展，已经成为当今世界推动经济发展的新动能。发达国家纷纷将人工智能视为提升国家竞争力的重要手段，我国也高度重视人工智能的发展，2017年国务院发布了《新一代人工智能发展规划》，旨在到2030年建成世界主要人工智能创新中心，随后国家各部委、各省份制定了一系列支持人工智能与产业融合的政策文件，促进了人工智能技术的长足发展。每一次技术革命都会对就业市场产生巨大冲击，此次技术革命的载体“人工智能技术”具有指数级迭代创新的特征，创新速度快，规模大，可以快速复制生产，比之前三次技术革命的影响更加深远。本篇主要关注新技术进步对劳动就业市场的影响及其应对措施。

本篇包括第八章与第九章两章内容。

我国此次人工智能技术变革是在“人口红利”消失、劳动力供给绝对量下降的背景下发生的，全国多地企业出现招工难现象，致使“机器换人”逐步演变为一种潮流，在这一潮流中技术是否对劳动力形成绝对挤出效应？“机器换人”换哪些人？容易被机器替代的劳动力将如何适应新的就业市场环境？劳动力市场政策应做出怎样的调整？本篇第八章基于北京市制造业选取了印刷、医疗器械制造、汽车制造、啤酒制造、家具制造、石化类制造中的6家典型企业进行了深度调研，对这些问题做了一一回应。尽管只做了数量不多的微观调查，但这些企业无论从规模、所有制性质还是具体行业分布方面看均具有一定的典型性和代表性，所得结论在一定范围内具有普遍性。

从全球来看，虽然我国人工智能技术领域的原创性技术与基础软硬件方面没有明显优势，但在大数据方面积累了海量的数据资源，拥有丰富的用户画像信息，驱动人工智能不断迭代，百度、阿里巴巴、腾讯、科大讯飞等科技巨头在无人驾驶、智慧零售、智能家居、人脸识别、语音识别等领域进行了积极的布局，在应用层的创新已处于世界领先水平。继 2013 年牛津大学的一项研究发现美国 47% 的职位属于容易被智能化技术替代的高风险职位之后，国内对于人工智能技术与就业的关注不断增加。本篇第九章从宏微观两个层面系统分析了人工智能技术应用在当前国内就业市场所产生的就业替代效应、创造效应与结构性效应，并对未来劳动力市场政策制度的制定提出了方向性建议。

第八章

微观视角下北京市制造业“机器换人”对劳动力就业的影响 *

【摘要】在“人口红利”消失、招工难的背景下，“机器换人”正在成为一种潮流，在这一潮流中，“机器换人”对劳动力就业数量、就业结构产生何种影响，目前还缺乏比较权威的实证研究。本文将视角聚焦在北京市制造业，研究发现：当前“机器换人”对劳动力的总体就业冲击不大，但人工智能技术的深入推进将会增强“机器换人”的破坏效应；在此次“机器换人”行动中具有一定专业技术的白领人士也受到了冲击，一方面，就业极化现象初现；另一方面，数字化、智能化、自动化技术人才严重短缺；企业性质及企业所处发展阶段等特征是决定劳动力被替代程度的重要微观因素。

* 本文写于2018年。

一、引言

本文中的“机器换人”是指，在信息化、智能化、自动化、现代化技术应用背景下，企业资本有机构成提高与产业升级过程中增加使用机器设备的行动，即在要素投入选择方面倾向于更多地使用资本的做法。其含义宽泛，也包含“人工智能机器人”对劳动力的替代。它是我国当前应对经济新常态、加快产业升级、实现经济弯道超车的重要国家战略。近年来我国人口老龄化、用工成本上升逼迫企业设备进行智能化、自动化升级，自2012年底在浙江省、江苏省逐步兴起“机器换人”，之后随着各地各项支持性政策的出台，“机器换人”就像一股浪潮席卷全国。

“机器换人”在企业层面本质上即技术升级，但又不同于一般意义的生产技术进步，此次“机器换人”涉及面广、规模大、发展迅速，可谓史无前例（曹静、周亚林，2018）。这次“机器换人”与以往历次技术革命最大的不同之处在于一些企业所使用的“机器人”直接成为一种特殊的劳动力（刘晓、徐珍珍，2015），而非作为劳动力的一种使用工具，机器对劳动力的替代更加直接，其对劳动力市场的影响更加广泛和深远。

关于“机器换人”会对劳动力就业产生何种影响，在国内还没有比较权威的、基于微观调查的实证研究成果。北京市作为我国的首都，作为全国的创新中心，制造行业“机器换人”现状如何，对劳动力的就业规模、就业结构、就业质量等产生了何种影响，搞清楚这些问题，对北京市促进劳动者就业、产业结构调整、劳动力市场政策决策将有一定的指导和借鉴意义。

（一）相关研究回顾

技术进步对就业的影响历来是经济学界关注的一个重要问题，“机器换人”是对技术进步的一种形象描述。2017 年国务院发布了《新一代人工智能发展规划》，提出到 2030 年我国要成为世界人工智能创新中心。党的十九大报告中也着重强调了推动人工智能与实体经济深度融合。一系列官方文件的逐步出台，预示着新一轮的技术进步将会对社会经济产生深远的影响，有关技术进步对就业影响方面的文献与日俱增。这方面的探讨主要集中在三个焦点：技术进步对就业规模的影响、技术进步对就业结构的影响和技术进步对就业影响的作用机制。

1. 技术进步对就业规模的影响

技术进步对就业影响的总效应，主要取决于技术进步对就业的“破坏效应”和“创造效应”。

对于技术进步的就业影响效应，国内学者没有形成统一的认识。悲观派强调了技术进步对就业的破坏效应。如姚战琪、夏杰长（2005）运用我国各省市直辖市的截面数据所做的估计，发现技术进步减少了就业机会；张智勇（2005）的研究指出技术进步促进了经济增长，但却造成了就业的下降；崔友平等（2015）运用 DEA-Malmquist 生产率指数进行的测算，结果表明技术进步对我国就业的“破坏效应”大于其“创造效应”，技术进步对就业的总体影响表现为负效应。乐观派肯定了技术进步对就业的创造效应，承认虽然短期中科技进步与就业矛盾，但从总体或长期上讲技术进步对就业具有明显的促进作用（葛新权、金春华，2004；瞿群臻，2005；陈泽聪，2011）。

国外学者在技术进步对就业的影响效应方面做了大量实证研究。早期的研究发现，大机器生产替换了许多工人，企业对工人的需求下降，技术进步对就业的作用主要表现为破坏效应大于创造效应，造成失业增加（David Deaton，

Peter Nolan，1983；Clower，1965；Malinvaud，1977）。最新的研究因选择方法、数据、研究对象的不同，结论产生了很大的分歧。Frey 和 Osborne（2013）运用美国职业信息系统（The Occupational Information Network ，简称 O*NET）数据库，采用概率分类模型估计了美国 702 种职位会被计算机替代的可能。研究发现美国 47% 的职位存在被计算机替代的风险。学者 Arntz 等（2016）批判了 Frey 和 Osborne 以职位为单位来测量工作被替代存在一定的局限性，即容易被替代的职位也会包含很大部分难以被自动化的工作任务，用这种方法可能会使被计算机替代的工作比率被高估。与此同时 Arntz 等（2016）考虑了工作任务的差异性，使用 PIACC 数据库估计了 OECD 国家工作任务可能自动化的比例，结果显示比基于职位分析方法的数据要小很多，仅仅为 9%。Dauth 和（2017）使用德国国际机器人联合会（IFR）数据的研究表明，机器人的使用只是改变了德国的就业结构，减少了制造业的就业机会，同时增加了服务业的就业岗位，机器人的应用并未对总体就业产生冲击。

2. 技术进步对就业结构的影响

技术进步对就业规模的影响具有不确定性，同样，机器的自动化、智能化技术对就业结构的影响也并非确定的。麻省理工学院的埃里克·布莱恩约弗森和安德鲁·麦卡菲（2014）认为新机器革命会同时创造工作岗位和消灭工作岗位，新创造工作岗位和被消灭的工作岗位之间的差别会越来越大，技术进步必然降低对低技能工人的需求，增加对高技能劳动者的需求，造成低技能工人技术性失业。另外两个麻省理工学院的学者 Acemoglu，D. 和 D. Autor（2011）按照工作性质把工作划分成一个二维矩阵，即：认知类的工作（类似脑力类的工作）VS 体力类的工作，程序性工作 VS 非程序性工作。他们的研究结论是社会对程序性工作的需求大幅下降，不论这种工作的性质是认知型的还是体力型的。而对非程序性的工作需求增加，不管这种工作性质是认知类工作（比如财务分析）还是非程序性的体力类的工作（如美发工作）。新技术革命的这一影响极易产生就业极化现象，即人工智能或者自动化对中间技能人员的替代最为严重，而对高技能人员及低技能人员的需求均有所增加。事实证明，就业极化现象在很多国家的劳动力市场已经出现（Michaels et al.，2014；Graetz & Michaels，2015）。

3. 技术进步对就业影响的作用机制

从现有研究来看，技术进步对就业的影响主要是通过技术进步的就业的“破坏效应”和就业“创造效应”来发挥作用的。英国学者 Philippe Aghion 和 Pete Howitt（1994）在承认技术创新可以提供新的就业岗位的同时，利用损害性创新模型，详细地阐述了技术进步对就业破坏效应的作用机制，强调了技术进步通过延长“干中学”与现有工作任务之间的匹配时间造成失业增加。国家发展改革委产业经济与技术经济研究所王君、杨威（2017）将技术进步的“破坏效应”机制详细地概括为四个方面，增强了人们对技术进步“破坏效应”多维性的认识，这四个方面可以用一张图来直观地体现（如图 1）。关于技术进步的就业“创造效应”机制方面，Vivarelli（1995）和 Petit（1995）做了系统的概括，如图 2 所示。

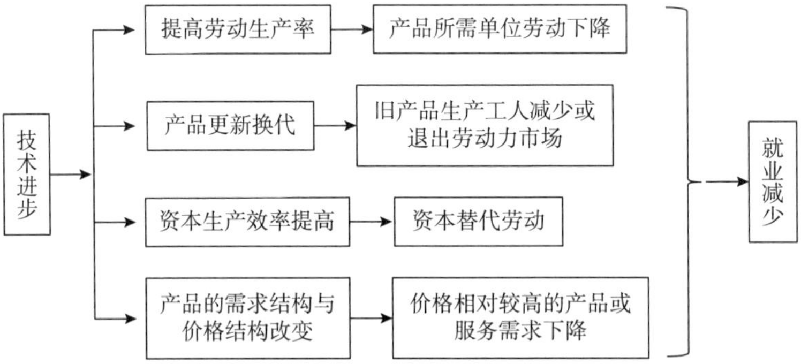

图 1　技术进步“破坏效应”发挥作用的机制

资料来源：国际机器人联合会（IFR）发布的《2020世界机器人报告》。

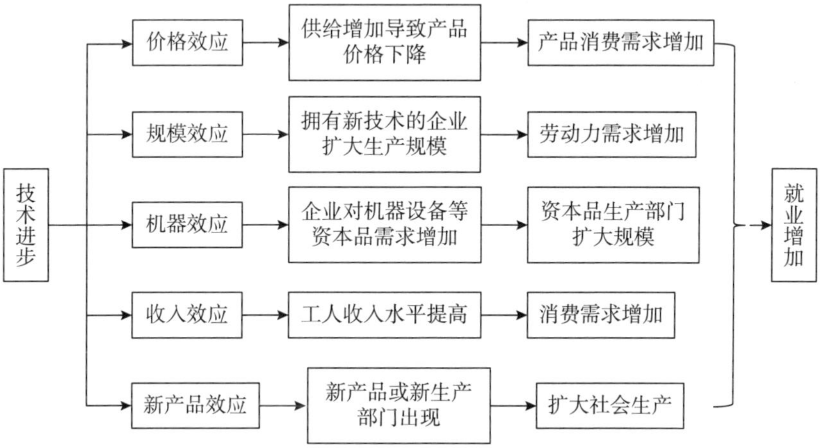

图 2　技术进步“创造效应”发挥作用的机制

从这些文献可以看出，技术进步对就业的作用机制非常复杂，技术进步最终对就业产生正向的促进作用还是负向作用，主要取决于“破坏效应”与“创造效应”的大小对比关系，“破坏效应”大于“创造效应”，则表现为负向作用，会造成失业增加；反之，则表现为促进作用，技术进步会增加全社会就业机会。实际中这两种效应究竟哪种效应更大，学术界至今并未达成统一意见。不过从过去 200 多年经济发展的数据来看，技术进步并未造成大规模失业（Autor，2015）。

（二）研究方法

“机器换人”对劳动就业的影响是一个新的课题，尽管近几年对此问题的研究和探讨很多，涌现出了不少研究成果，但这些成果多限于定性描述和对历史上三次技术革命影响的回顾和总结，基于当前中国“机器换人”实践的实证研究成果很少，学界不少学者对“机器换人”所导致的劳动力失业问题表示非常担忧。调查研究是谋事之基、成事之道。没有调查，就没有发言权，更没有决策权。为了了解“机器换人”在实际中的影响，是否会对劳动力就业产生巨大冲击，是否如很多学者所担心的那样，会造成大量失业，为此，本文对北京市 6 家企业进行了典型调研。这些企业涵盖了印刷、医疗器械制造、汽车制造、啤酒制造、家具制造、石化类制造企业，企业性质包含了国有企业、民营企业、中外合资企业、外资企业，这些企业要么是世界 500 强企业，要么是处于国内行业领先地位的企业，要么是行业发展迅速的新秀，在企业选取上具有一定的典型性，详见表 1。

表 1　被调查企业特征描述

调查对象	所有制性质	行业	公司所在地	其他特征
A 企业	国有	印刷设备制造	亦庄经济开发区	中国著名的印刷机械制造企业集团
B 企业	外资	医疗器械制造	亦庄经济开发区	世界 500 强
C 企业	中外合资	汽车制造	亦庄经济开发区	中国最先进的世界级汽车制造企业
D 企业	国有	啤酒制造	顺义区	中国最大啤酒企业集团之一
E 企业	民营	家具制造	顺义区	上市企业
F 企业	国有	石化产品制造	房山区	大型炼油化工一体化企业

由于“机器换人”在多数企业经历较长时间，一般都跨越多个年度，很多数据难以准确量化，加之进入企业调研存在一定的障碍，样本量无法保证，很难采用结构化、数量化的问卷调查法。所以，本文主要采用典型企业调查的方法，调研方式上主要采取与企业行政负责人、人力资源部门、生产部门、工会等部门、劳动者等相关人员进行座谈与现场参观生产线两种方式。

本文主要调研内容主要包括四个方面：一是各企业的基本情况，包括主要业务、人员结构、企业发展阶段、发展战略等；二是各企业实施“机器换人”的原因，是基于用工荒的考虑，还是降低成本，抑或是减少劳资纠纷，还是出于主动技术升级，提高竞争力的权衡；三是企业“机器换人”的规模，被替代岗位的特征与被替代劳动力的特征；四是“机器换人”对劳动力就业岗位、职工工资福利以及就业质量的影响。

二、“机器换人”的原因

厘清企业普遍实施的“机器换人”行动背后的原因，对于准确把握这一行动对劳动力就业的影响具有非常重要的意义。学界普遍认为近些年来国内企业兴起的利用工业机器人、自动化控制设备或自动化生产线对企业进行的智能化技术改造，即“机器换人”战略是基于对国内“人口红利”消失、用工成本不断增加、企业招不到人，出现“用工荒”等问题的被动应对，但通过我们的实地调研发现在北京制造企业中原因是多元化的。

（一）招工难

被调查的企业中，A 企业属于基于“招工难”被迫进行机器换人的典型。A 企业是中国最大的国有印刷机械制造商，长期从事书刊印刷、报纸印刷、纸包装印刷、塑料包装印刷设备的制造，近年来逐步向智能化、数字化、绿色环保解决方案的制造供应商转型，从传统制造向智能制造转型，主要向客户提供智能化的设备和咨询服务。据其生产经理介绍，A 企业全国的客户有 100 多家，其中除了像新华印刷集团这样的行业领先者之外，其他使用其设备的印刷企业之所以购买其智能化、自动化的设备，主要是基于招工难的考虑，A 企业的转型也是如此。印刷行业属于劳动密集型行业，这个行业劳动强度大，工作时间长，许多职工每天工作时间在 10 小时以上，不少工人的工资属于日结制，“90 后”的年轻人很少愿意进入这个行业，相关企业普遍存在招不到人的问题，不得已委托 A 企业提供智能化设备方案或直接向 A 企业购置数字化、自动化的设备。

（二）降低劳动强度，改善劳动条件

从事啤酒生产制造的D企业和石化产品制造的F企业均为老牌国有企业，两个企业在实施“机器换人”战略方面有类似的原因。

D企业是世界知名、国内最大的啤酒企业集团之一，公司从2006年就陆续进行了规模化的生产线升线，从2014年开始，车间上箱、入库、验酒等环节也实现了高度自动化，逐步用机械手、验酒机替代了工人。与A企业不同的是，D企业“机器换人”的最主要动因是为了降低洗瓶、灌装、码箱等工作的劳动强度，提高职工的工作质量，2014年验酒机的应用也是为了保护验酒师的眼睛，降低职业伤害。通过在现场的参观可以观察到灌装、贴上标签后的啤酒需要经过验酒师对密封、瓶子有无破损、贴签等问题进行检测后方能下线，而这一环节要求验酒师对生产线上快速通过的酒瓶进行检验，需要眼睛集中度非常高。验酒机的上线大大降低了职工患眼疾的风险，改善了劳动条件。

F企业于1970年建厂，是具有千万吨炼油能力、80万吨乙烯生产能力的大型炼化一体化企业，主要生产合成橡胶、合成树脂和成品油。近五年来，公司二级单位普遍进行了系统升级，公司管理方面也加强了数字化工厂、信息化企业建设的步伐，DCS系统大幅度降低了职工的工作强度。公司进行数字化、智能化生产系统升级的主要目的和D企业类似，即为了降低劳动强度，保障安全生产。

（三）降低成本，提高效率，增强市场竞争力

E企业是一家集设计、生产、销售于一体的大型家具集团，是北京第一家上市的家具企业。公司于2015年上市，2015—2017年处于快速发展期，以每

年开一家分厂、每年产值翻倍的速度在扩张，即便如此，公司并不缺人，生产经理、人事主管理和一线劳动者众口一词说公司不存在招工困难的问题。公司近几年采取了先进的3D五轴技术、自动化喷漆、扫码打眼等技术，按照公司管理层的说法，这些技术升级的主要目的是在市场上赢得竞争力，获取竞争优势,公司快速发展的事实也印证了技术进步使得公司生产效率前所未有的提升，单位产品的成本大幅度下降。

C企业成立于2005年，是一家集研发、发动机与整车生产、销售和售后服务为一体的中德合资的汽车制造企业。从建立之初，企业就将“技术领先、质量立企”作为企业发展的信条，一直以来公司生产车间的自动化程度很高，虽然当初并未明确提出“智能制造”的概念，但他们一直在朝这个方向努力。在整车生产的冲压、装焊、涂装、总装四大环节不断实现智能化系统的改造升级，装焊车间广泛采用机器人作业技术，2008年装焊工艺已实现85%的自动化率。现场参观发现，目前C企业除总装之外的其他三个车间几乎实现了全自动化的生产。2017年企业被评为北京市的“智能制造标杆企业”。从企业发展历程来看，精益化生产、技术领先一直是公司所致力追求的目标。通过技术升级提升效率、获得行业竞争优势是公司生产自动化、智能化的重要原因。

B企业是于1991年成立的外商投资高新技术企业，主要从事医用器械生产，包括CT、核磁共振、B超、核医学诊断设备、X射线机、放疗设备、心电诊断仪等产品。B企业的集团公司为世界500强企业，集团公司在全球选择了10个企业做智能制造的示范，B企业为其中之一。在问到企业进行“机器换人”的初衷时，生产技术部门经理、人事部门主管均给出“机器换人”只是公司做精益化生产、提升效率的副产品的答案，在他们看来，智能化机器的前期投入、操作、维护成本都很高，用机器替换人工不是企业主动选择的结果，而是医疗器械行业激烈竞争的必然结果，其主要竞争对手是西门子、飞利浦，没有一流的生产技术，便无法与这些世界一流企业竞争。

三、制造业“机器换人”的现状

据北京市经信委于2018年6月30日发布的《北京人工智能产业发展白皮书（2018）》显示，北京人工智能企业2015—2016年呈现出快速增长，截至2018年5月8日，北京市有人工智能企业1070家，占全国的26%。这些企业一半以上属于初创企业，也就是说这些企业从创立之初就是智能化企业，不涉及就业调整的问题。因此，本课题选取调研对象时未考虑这些初创企业，主要选择了在制造业有一定发展历史且在行业有一定代表性的企业作为观察对象。

（一）“机器换人”的规模

各企业由于发展阶段不同、所有制性质不同、“机器换人”表现形式不同，如数字化、自动化、工业机器人等，不同形式“机器”设备的应用所产生的生产效率不同，表现出来机器对劳动力的替代规模与数量也必然有很大差异。

A企业和F企业属于机器替换人工规模比较大的企业。A企业在招工难的压力下进行了技术升级，从传统印刷设备制造商正转型成为一家咨询与智能制造相融合的企业。由于智能化、自动化、数字化升级，企业从2017年1月的460人减少到2018年6月的240人，劳动力减少将近一半。被替代的人中，少数符合条件的进行了内退安置，40人左右待岗，大部分劳动力与企业协商解除了劳动合同。F企业二级单位普遍采用了集散控制系统（简称DCS），这一系统能够完成大量生产操作和监控任务，具有数据采集和处理、监控画面显示、故障诊断和报警等强大的功能。生产的智能化大幅度提升了生产效率，近五年来企业班组等一线人员减少约2/3，涉及劳动力绝对数量约8000人。F企业机器替换下来的劳动力规模虽大，但与A企业的安置方式不同，F企业只有

500 多人，约 6% 的劳动力协商解除劳动合同，其他人员都通过新建装置吸收、自然减员、非主要业务改制分流、“四供一业”移交、主动接外包业务等方式安置解决。

D 企业从 2014 年以来逐步应用了机械手、验酒机等自动化设备，这些技术主要减轻了搬运箱子、码箱子、上货、验酒等岗位劳动力的工作量，200 多人被替代。但企业对这些节约下来的工人并没有解聘，而是安排到了服务岗、卫生、行政、巡察安全等岗位，“因为我们是国有企业，要承担社会责任”，人事负责人如是说。

E 家具企业近年来技术升级使得生产效率迅速翻倍。如 3D 五轴数控技术大大缩短了生产过程链，使生产管理和计划调度简化。用传统的手工技术打眼，每一个柜子打眼需要 2 小时，用扫码打眼的技术只需要 10 分钟，且精确度也有很大提高。据生产部门经理介绍，按照现在生产的自动化水平，生产同等产值只需要一半的人工，而 E 企业并未出现大规模裁员。主要原因是公司正处于快速扩展期，近三年产值每年都翻番，被机器替换下来的劳动力全部进入企业的新厂工作，企业的劳动力队伍非常稳定，年离职率仅为 6%，远低于同行，没有出现很多学者所担心的大量失业问题。

B 企业和 C 企业机器替换人工的规模比较小，因为这两个企业均是北京市智能制造的标杆企业，其多年前智能化、数字化、自动化程度已经非常高了，技术水平均达到同行领先，再进一步智能化的空间很小，且成本很高，在经济上与技术上变得不可能。B 企业共有两个工厂，包括产线装配工厂和产品测试工厂，两个工厂生产人员分别有 200 多人和 100 多人。产线装备工厂主要是一线人员，自动化升级后，去年人员的替代率为 10%，即有 20 多名工人被替代。产品测试工厂主要是工程师，2017 年有 5 名工程师被替换。C 企业是国内最先进的汽车制造企业，2018 年比 2017 年人工减少不到 100 人，约占全部职工的 10%，比同行低很多，实在算不上社会通常所指的“被替代”。由于两个企业在业内都处于市场领袖地位，其劳动力市场竞争力很强，离开企业后很容易找到新的工作，甚至工资福利不低于原企业。

表 2　　　　　　　　“机器换人”的规模与替代人员去向

调查对象	技术应用	替代人员数量	时间范围	替代人员去向
A 企业	智能化改造、自动化解决方案	220 人	2017 年 1 月—2018 年 6 月	协商解除劳动合同、内退、待岗
B 企业	数字医疗、智慧医疗	25 人左右	2017 年 1 月—2017 年 12 月	协商解除劳动合同
C 企业	工业机器人、自动化生产线	不到 100 人	2017 年 1 月—2017 年 12 月	协商解除劳动合同
D 企业	机械手、验酒机	约 200 人	2014 年以来	自然减员、服务岗、卫生、行政、巡察安全等岗位
E 企业	3D 五轴数控机床、自动化喷漆技术、数码打眼等	1000 人左右	2015—2017 年	新建工厂
F 企业	DCS 等系统升级	8000 人左右	2014 年以来	协商解除劳动合同、新建装置吸收、非主要业务改制分流、“四供一业”移交、主动接外包业务等

（二）“机器换人”的岗位

从被调查企业的情况来看，智能化、自动化、数字化技术对劳动力就业产生冲击的主要岗位既有一线操作工，也有专业技术岗位。一线操作工包括书报打包工、机工、机加工、喷漆工、封边工、机床操作机手、打眼工、码箱工、洗瓶工、灌装工、车间操作工、装配工、焊接工等。专业技术人员包括医疗设备测试调整工程师、质检师、验酒师等。

这些容易被技术进步所替代的岗位特点概括起来有两个：一个是低知识、低技能要求；另一个是高度程序化、高度重复和高度标准化。调查中被替代的一线操作岗位符合第一个特征，专业技术岗位和第二个特征相匹配，也就是说一些具备一定知识、一定技术技能的白领人员在这次技术革命中也属于被替代之列。而一些需要较高沟通互动能力的、较高视觉语言识别能力的、与环境条件保持较高匹配性的体力工作反而是不容易被替代的，例如调查中 D 企业和 F 企业的出货装运工、E 企业的传统木工、家具打磨工和组装工等。另外一类不容易被替代的，是从事抽象任务，需要较高的创造力、较强的分析问题和解决问题能力、较高的感知能力、协调能力和控制能力的工作岗位。

（三）被替代劳动力的群体特征

根据失业理论，以往几次技术革命所引起的经济结构调整造成的失业均呈现出低技能性特征，即失业者多属于技能匮乏者，如老龄劳动力（40 岁、50 岁人员）、女性、青年等群体，这类失业可以说是技术性失业（Malinvaud，1977）。本文也带着这样一种预设去调研，结果发现此次受到新型智能化技术冲击的劳动力特征与之前不同。被调查企业管理人员、普通劳动力多数表示被机器替代掉的人没有明显的年龄、性别、文化程度等人口学特征。没有一家企业认为老龄劳动力比中年劳动力更容易被替代，或女性劳动力比男性劳动力更容易受到新技术的冲击，少有企业认为高技术劳动力一定比低技术劳动力在保持就业岗位方面更有优势。

A 企业人力部门主管明确表示，被替代劳动力没有明显的年龄和技能特征，她举例说明，在其企业待岗人员有一位 35 岁女性，中等技术职称，在每次的知识竞赛中都有不俗的表现，都可以获奖，但只因为技术升级这类岗位消失了，只能让她离开。这位女性在她们公司中不是个案，相反非常有代表性。B 企业生产部门经理特别强调了在他们公司容易被新技术淘汰的并不是普通工作人员，一些工作流程化、标准化的工程师很容易被替代。比如，在其组装整型机的车间，由于各类 CT 机、核磁共振机、X 射线机等有一定差异，目前全自动化不太可能，特别需要普通工人进行各种机型的总装。而另一技术密集化的测试车间，工作标准化程度高，具有本科学历的一些工程师也会被替代。E 企业也同样表示，在其技术数字化、自动化升级过程中，容易被替代的不一定是低技能的人，一些具有一定技术熟练程度的机手、副机手不能适应新技术的变化也是会被替代的。

从有限企业数量调研中我们发现，当前新型技术变革所替代劳动力的最大特征就是“没有明显特征”，未来社会就业可能取决于劳动（Labor）与任务（Tasks）的匹配程度而不是技术的熟练程度。如果匹配比较完美，那么社会失业较少；反之社会失业较多（王君、杨威，2017）。

四、“机器换人”对劳动力就业的影响

（一）“机器换人”对劳动力就业数量的影响

1.“机器换人”并未造成大量失业

从调查的6家企业来看，总体上新一轮技术进步对劳动力就业的冲击不大，B、C、D企业被替代的人工数量无论绝对量还是占企业人员规模的相对量都比较小。相对企业人员规模，A企业劳动力受影响比较大，将近一半被替代的劳动力中，大部分被迫解除劳动合同，而且由于整个行业的技术升级，在印刷机械制造行业内部再就业比较困难。从被替代总规模来看，F企业受冲击较大，5年中涉及8000多名劳动力，平均每年1600名，但大部分劳动力都通过企业新建设备、承担外包业务、“四供一业”转制分流等方式予以安置，真正受到就业冲击、需要再就业的劳动力每年有100多人，这个数量相对其企业9000多名在岗职工、4000多名一线工人的人员规模来说，影响算不上严重。从技术效率上的替代来看，E企业从2015—2017年每年职工被替代率约50%，但同时企业技术升级的规模效应很大，每年增加一个大于原厂规模的扩张速度将

被替代的劳动力全部吸收，还需要增加技术人员的招聘。E 企业的实践表明其技术进步的就业“创造效应”远大于“破坏效应”。

2.“机器换人”对不同所有制性质企业劳动力的影响不同

在面对技术升级对劳动力的替代问题上，不同性质的企业采取的解决方式不同。国有企业 D 和 F 会想尽各种办法对劳动力进行安置，确保职工有业可就。访谈中这两个企业强调最多的是“我们是国有企业，我们要承担社会责任，不能把压力推给政府”，“我们企业 90% 以上是当地人，裁员后职工会到区政府静坐，到时我们还是要把人领回来”。虽然职工的饭碗得到了保护，但企业也因此背上了沉重的包袱。从企业效率和长远发展角度出发，这些劳动力并非符合企业需求的人员，而是基于政策上的压力和情感上的包容而被留用。国有企业面对资本对劳动的替代，虽然不直接将职工推向社会，采取转向辅助岗位等方式，但在企业内部却以隐性失业的形式存在。国有企业 A 之所以没有像 D、F 企业那样用尽各种方式安置职工，一个可能的原因是 A 企业除了承担国有企业维护社会稳定的职责外，还要执行北京市的非首都功能疏解政策，所以，技术升级替换掉的劳动力大部分解除了劳动合同。和国有企业不同，外资企业 B、合资企业 C 和民营企业 D 的经营方式、用工方式比较灵活，在履行企业社会责任方面没有国有企业那样大的压力，在面对技术变革带来的机器对劳动力的替代，主要依据市场需求决定劳动力的去向，劳动力面临的被解聘的风险大，但在企业内部很少存在低效的隐性失业问题。

3.“机器换人”对处于不同发展阶段的企业职工影响不同

按照企业生命周期理论，每个企业的成长与发展都会遵循一定的动态轨迹，即发展、成长、成熟、衰退 4 个阶段。根据各个发展阶段企业所具有的特征可以对被调查企业的发展阶段进行判定。E 企业技术成熟、利润与市场需求增长快，处于快速成长阶段；A、B、C、D、F 企业市场接近饱和，行业集中度较高，比较符合成熟阶段的特征。E 企业发展迅速，成长性好，技术升级带来效率成倍提高，在机器替换人工的同时由于规模的扩张创造了更多新的岗位，技术进步的创造效应大于破坏效应，所以，劳动力的就业不是问题。而 A、D、F 企业处于稳定的发展阶段，市场占有率已经达到一定水平，新增业务少，企业在技术升级带来人力节约的同时，很难在短期内创造出相当的就业岗位，表现出来就是劳动力的就业岗位很容易受到冲击。但由于 B、C 企业早已完成了技术升级，所以，在此次调研中人员被替代情况并不普遍。

（二）“机器换人”对劳动力就业结构的影响

这次“机器换人”技术革命和以往几次技术革新相比有共同点，也有不同点。共同点是提高了生产效率，节约了人力，降低了劳动强度。不同点是这次技术革命中的机器不仅提升了人类的能力，还直接扮演了劳动力的角色，其影响更为深远，甚至冲击白领技术人员，出现就业极化现象。可以确定的是这次技术变革一方面增加了对具有一定创新能力的高技术、高技能人才的需求，提高了这部分群体的就业比重；另一方面减少了从事重复性、程序化、标准化类工作的人员需求，造成一定程度的结构性失业和技术人员失业。

在受访的 6 家企业中，每个企业都在一定程度上减少了低技能、从事重复性工作的劳动力的用工数量，同时几乎异口同声地表示对高技能人才的需求很大，但又招不到人。如 A 企业负责智能化设备制造的经理非常无奈地说他们对传感器技术人才、数据采集技术人员、生产系统管理人员、软件架构工程师、编写软件代码的工程师需求很大，但符合要求的人太少了，很难招到。B 企业和 D 企业人事主管均表示懂生产控制、自动化设备维护的人员缺口大，在高度自动化的生产线上一旦设备出现故障，会影响整个生产的运行，损失很大。可见，新一轮的技术革新对劳动力市场产生了显著的结构性影响，一方面，企业中普通劳动力不断被智能化、数字化、自动化的设备与机器（人）所替代；另一方面，高级技术技能人才青黄不接。

（三）“机器换人”对劳动力就业质量的影响

有关技术进步对就业影响的研究中，更多的焦点放在了机器对人工的替代方面，忽视了技术升级对就业质量改善的积极作用。不可否认，每一次技术革命都是对劳动的一种解放。此次以工业机器人应用为主要特点的技术革新也不例外。打包书是一项繁重的体力劳动，长时间从事这项工作对职工的健康有很大损害，100 多家使用 A 企业智能化设备的企业使职工从繁重的打包书的工作出解脱出来，工作强度大为降低。D 企业自动化生产线、机械手等机器的应用大大减少了人工搬箱、入库的体力消耗和发生工伤事故的风险，智能化检测设备的上线有效降低了劳动力患职业病的概率。F 企业 DCS 系统的使用除了提升生产效率以外还大大提高了事故预警能力，可以有效地防范生产安全事故，保障劳动力的生产安全。所以，“机器换人”总体上改善了劳动力的工作环境，降低了劳动强度和工伤事故发生率。正如多位生产负责人所说，现在的工厂工作条件已经大为改善，几乎没有重体力工作。

五、研究发现与对策建议

（一）主要研究发现与讨论

1．“机器换人”的动因具有多元性

本文调研发现各企业“机器换人”的动因各有不同，处于市场领先地位的企业更看重效率、成本、营利能力，这些企业技术升级的原因主要基于市场竞争力的考虑。国有企业在做出“机器换人”决策时更多地关注生产安全与劳动保护，而非市场性因素。还有一些企业进行自动化、智能化升级的原因则主要是“招工难”背景下的被动选择。从理论上判断，在不考虑其他因素的作用下，企业出于招不到人而被迫选择技术升级对劳动力就业岗位的冲击要小一些。

2. 当前“机器换人”对劳动力的总体就业冲击不大

就本文基于6家企业的微观调研来看，总体上这次“机器换人”行动并未造成大规模的劳动力失业，只有A企业的劳动力受冲击比较大，一少半劳动力面临重新就业压力。其他企业要么机器替代人工的比例较小，要么劳动力得到了妥善安置，要么企业创造了大量市场需求，劳动力得到了新的工作机会，没有出现大量劳动力失业的现象。

3. 企业性质及企业发展阶段等特征是决定劳动力受冲击程度的重要因素

企业性质不同从根本上决定了企业价值观的差异。在访谈中国有企业更关注职工福利、企业社会责任，外资企业、合资企业与民营企业更强调效率、成本、技术领先等，企业价值观的差异背后隐含着决策机制、决策逻辑的不同。在面对新“机器”技术对人工的替代，国有企业首先想到的是维护企业、社会的稳定，保护职工的就业机会，而外贸企业、合资企业、民营企业要考虑成本和利润的问题。其直接结果是国有企业大部分劳动力保住了自己的工作，外资企业、合资企业劳动力则被协商解除劳动合同。但必须警醒的是国有企业在履行社会责任的同时背上了沉重包袱，职工被转岗到辅助的岗位，工资福利有所下降，受低效率的影响，全体职工的工资福利的增长也受到约束。

企业所处生命周期阶段决定了企业的成长性、成长空间，处于成长阶段的企业往往增长快，价格效应与规模效应的作用大，共同作用的结果可以创造出大量的劳动力需求。处于成熟阶段或衰退阶段的企业，市场基本饱和或有所下降，必然难以创造出新的劳动力需求。所以，企业所处的发展阶段不同也是决定劳动力就业的重要因素。在面对同样较高的劳动力替代率的情况下，处于成长阶段的企业可以依靠技术进步产生的巨大“创造效应”，为劳动力创造新的就业岗位,而处于成熟或衰退阶段的企业劳动力则可能面临直接被解聘的风险。

4．就业极化现象初现，数字化、智能化、自动化技术人才严重短缺

此次以智能化、数字化、自动化技术应用为特点的技术进步不仅使传统的工作岗位消失，使低技能职工失去工作岗位，同时，也使得一些从事程序化、标准化工作的白领技术人员受到冲击，就业极化现象初见端倪。在智能化工厂一方面，出现了机器对一定规模的人工的替代；另一方面，操作、维护、管控智能化机器设备的人员又严重短缺，人才的结构性矛盾突显。随着北京市创新中心功能的落实，人工智能技术应用的拓展，像架构工程师、数字化管理技术人员等高技术人才需求将迅速增加，而人才的培养需要较长的时间，目前职业教育与职业技术培训明显滞后，人工智能、数字化技术相关领域的高端技术人才匮乏，职业学校、培训机构、企业相关人才培养机制还不健全，职工素质与岗位需求不匹配的问题正在显现。

5. 人工智能技术的深入推进将会增强“机器换人”的破坏效应

据《北京人工智能产业发展白皮书（2018）》报告，目前北京市人工智能企业一半以上仍处于初创期，而且部分企业采用“机器换人”是在劳动力供给下降、人口红利消失的背景下的被动行为。机器替代的人工岗位主要是劳动强度大、工作条件差、风险高、程序化、重复性的工作，这些工作很多属于年轻人不愿从事的工作。所以，当前制造业“机器换人”对劳动力就业的破坏效应不大，未造成大规模失业。但长期来看，随着北京市逐步落实国务院《新一代人工智能规划》、工业和信息化部《促进新一代人工智能产业发展三年行动计划（2018—2020年）》等政策文件，北京人工智能技术与实体产业的融合逐步向纵深发展，“机器换人”的规模必将快速增大，而智能化的技术创造新部门、新行业、新职业存在一定的时滞，且适应新型“机器”技术的高素质劳动力培养需要较长的时间，“机器换人”的破坏效应不容小觑，其对劳动就业的冲击应引起足够的重视，相关政府部门、教育培训部门应尽早做出应对措施。

技术进步对社会就业的影响是一个非常复杂的问题。技术革命演进的不同阶段对产业结构、社会就业水平与结构具有不同的影响；技术进步、经济增长、

产业结构变动与社会就业之间是一种相互作用、相互影响的关系，由此导致技术进步发挥作用的机制的复杂性。因此，要分析清楚技术进步对社会就业的影响，必须对微观企业、中观行业、宏观整体经济运行理论与实践多方面进行考察，还要结合技术进步所处的时期进行综合判断。本文是仅就微观企业层面的观察所做的思考，存在一定的局限性，结论不具有推广性。

（二）应对“机器换人”的对策措施

1. 完善公共就业服务体系，促进劳动力就业

在公共就业服务领域，面对“机器换人”对劳动力就业的破坏效应，人力资源与社会保障部门可以在三个方面完善其服务职能。一是要健全公共就业平台建设，完善各类职业、各类岗位，特别是与人工智能、数字化、机器人等技术相关就业岗位的市场供求信息发布，建立起就业信息大数据库，让劳动力随时了解市场招聘信息，拓宽求职渠道，减少就业搜寻成本。二是完善职业指导与职业咨询服务，提高服务的专业性。为被机器替代的劳动力指明可选择的职业和岗位，帮助其顺利实现再就业，为拥有较高智能化技术的职工进行职业发展规划，帮助其挖掘职业发展潜能。三是对制造业人工智能领域的岗位技术需求进行调查，形成专项报告，向社会发布，并对就业困难劳动力提供市场急需技能的培训，助力劳动力顺利就业。

2. 吸引民营企业进入职业技术培训市场，提高职业技能培训效果

由于公共部门对市场的了解滞后、信息不对称等原因导致公共部门主导下的培训市场存在培训内容陈旧，与市场需求不匹配、培训方式单一、培训效果不佳等问题。专业化的培训机构对市场需求比较敏感，能够准确把握市场动向，提供实效性强、高质量的培训。比如像京东大学这样的企业大学，有完善的组织架构，下设AI学院、供应链学院、零售学院、技术学院、金融学院等专业学院，拥有很多优质的国内外教学资源，有全球知名的AI科学家，若能提供社会化

的培训，则不仅可以使培训资源得到有效利用，而且也可以提高培训市场的效率和培训效果，提高劳动力的职业技术水平。因此，政府可以利用财政补贴、税收优惠、低息贷款等财政信贷政策引导和鼓励专业化培训机构进入培训市场，通过公平竞争提供有针对性的、高质量的培训服务。政府需要做的是将企业培训纳入国家培训认证体系并做好相关监督工作。

3. 完善社会保障制度，降低技术性失业可能导致的社会动荡风险

当前北京市“机器换人”还处于初级阶段，但随着“中国制造 2025”的实施，信息技术与制造业深度融合，人工智能正在向各个细分领域拓展并逐步产业化，未来“机器换人”的规模必然扩大，劳动力潜在失业风险逐渐增加。因此，必须继续完善和落实社会保障制度，尤其是对失业保险制度予以兜底。我国全国以及北京劳动力失业保险参保率低，领取失业保险金人员比例低，受保范围小、面窄，越是灵活就业人员越难参保并获得保障。在这种情况下，应该大幅度提高失业保险覆盖面，确保失业劳动力的失业救助金发放到位，并做好失业预警，加强对失业劳动力的就业指导和再就业培训，针对不同技术技能水平的劳动力提供有针对性的培训方式和培训课程，提升劳动力的自身素质，为劳动力更好地适应技术升级服务。

4. 建立和完善校企融合机制，提高劳动力素质

长期来看，要应对智能化、数字化、自动化等技术升级对就业的冲击，提升劳动力素质是根本之策，而提高劳动力素质需要企业和职业教育院校与机构有效联合，发挥各自的比较优势。目前国内普遍存在的问题是职业院校专业设置脱离市场需求、培养的人才不能满足企业需要、师资力量薄弱、缺乏实务工作经验等，企业与职业院校之间没有建立起有效的沟通和合作机制。因此，在专业与课程设置、师资互派学习培养、职业院校学生赴企实习实训等方面还有进一步加深合作的空间。

参考文献

1. Acemoglu, D. & Autor D.H..2011. Skills, Tasks and technologies: Implications for Employment and Earnings. Handbook of Labor Economics, Volume 4, pp.1043-1171.

2. Ahion, P., Howitt, P..1994. Growth and Unemployment. Review of Economic Studies, 61(3), pp.477-494.

3. Arntz, M., Gregory T., Zierahn U..2016. The Risk of Automamation for Jobs in OECD Countries: A Comparative Analysis. OECD Social Employment and Migration Working Paper, No. 189

4. Autor, D.H.:2015. Why Are There Still So Many Jobs? The History and Future of Workplace Automation. Journal of Economic Perspectives, 29(3), pp.3-30.

5. Clower,R. W. (1965). The Keynesian Counter—Revolution: a Theoretical Appraisal,In F. F. Hahn and F. Brechling Eds, The Theory of Interest Rates. London: Macmillan.

6. Dauth, W., Findeisen S., Südekum J. & Woessner., N..2017. German Robots: The Impact of Industrial Robots on Workers, CEPR Discussion Paper, No. DP12306.

7. Deaton D, Nolan P. The Nature of Unemployment under Technical Progress, 1983.

8. Deaton D., & Nolan P..1983. The Nature of Unemployment under Technical Progress, in Derek L, Boswortheds, The Employment Consequence of Technological Change, The Macmilland Press Ltd.

9. Frey, C. B., & Osborne, M. A..2013. The Future of Employment: How Susceptible Are Jobs to Computerization. Technologogical Forecasting and Social Change, 114(1), 254-280.

10. Graetz, G., & Michaels G..2015. Robots at Work: The Impact on Productivity and Jobs. Centre for Economic Policy Research(CEPR) Discussion Paper, No. DP10477.

11. Malinvaud, E..1977. The Theory of Unemployment Reconsidered. Oxford: Basil Blackwell.

12. Michaels, G. et al..2014. Has ICT Polarized Skill Demand? Evidence from Eleven Countries over Twenty-five Years. Review of Economics and Statistics, 96(1), pp.60-77.

13. Petit, P..1995. Employment and Technical Change, in P. Stoneman ed. The Economics of Innovation and Technical Change. Oxford: Basil Blackwell.

14. Vivarelli, M..1995. The Economics of Technology and Employment: Theory and Empirical Evidence. Cheltenham: Edward Elgar.

15.(美)埃里克·布莱恩约弗森, 安德鲁·麦卡菲 . 第二次机器革命: 数字化技术将如何改变我们的经济与社会 [M]. 北京: 中信出版社, 2014.

16. 曹静, 周亚林 . 人工智能对经济的影响研究进展 [J]. 经济学动态, 2018(1).

17. 陈泽聪 . 我国制造业技术进步的就业效应——基于 25 个行业的实证分析 [J]. 科技进步与对策, 2011(1).

18. 崔友平, 金玉国, 王晓 . 技术进步对中国就业影响的实证分析: 1995—2013 年 [J]. 经济社会体制比较, 2015(4).

19. 葛新权,金春华 . 科技进步对就业增长贡献的测定方法 [J]. 北京机械工业学院学报, 2004(2).

20. 刘晓, 徐珍珍 ."机器换人"与职业教育发展: 挑战与应对 [J]. 教育发展研究, 2015(21).

21. 瞿群臻 . 论科技进步、经济增长与就业 [J]. 运筹与管理, 2005(5).

22. 王君, 杨威 . 人工智能等技术对就业影响的历史分析和前沿进展 [J]. 经济研究参考, 2017(27).

23. 姚战琪, 夏杰长 . 资本深化、技术进步对中国就业效应的经验分析 [J]. 世界经济, 2005.

24. 张智勇 . 从技术进步的视角在论就业优先的发展战略 [J]. 中国人口科学, 2005(5).

第九章

人工智能技术对就业市场的影响研究

【摘要】今天人工智能技术已经渗透到人们生活的方方面面，其对就业市场的影响引起了广泛的讨论。本报告着重从微观调研观察的角度，结合宏观数据与国家政策，分析了人工智能技术应用在当前所产生的就业替代效应、创造效应与结构性效应。研究发现：在人工智能技术快速推进的过程中，就业替代效应较为温和，就业创造效应明显，总体就业形势向好，并未出现大规模的失业问题，技术的结构性影响大于规模性影响。但是随着大数据的进一步积累，算法与算力的逐步优化迭代，机器深度学习能力的提升必将对就业市场产生更加深远的影响，尤其是在智能制造、交通出行与物流配送等重点领域的就业应引起政府决策部门的高度关注。

21世纪以来，人工智能技术在全球范围内经历了快速的发展，成为新一轮科技革命的主要动能，美国、德国、日本、英国等发达国家纷纷将发展人工智能视为提升国家竞争力的重要举措。我国同样高度重视人工智能的发展，2017年国务院发布了《新一代人工智能发展规划》，提出人工智能发展的目标是到2030年成为世界主要人工智能创新中心。2017年工业和信息化部发布的《促进新一代人工智能产业发展三年行动计划（2018—2020 年）》和党的十九大报告，均彰显了国家对人工智能技术发展的全方位支持。在一系列利好政策的激励下，人工智能技术得到了长足的发展。

据艾瑞咨询报告，2020 年我国人工智能产业规模预计超过 1500 亿元，目前中国大型企业基本都已在持续规划投入实施人工智能项目，而全部规模以上企业中约有超过 10% 的企业已将人工智能与其主要业务结合，实现行业地位和经济效益的双提升。国际机器人联合会（IFR）2020 年发布的数据显示，中国工业机器人累计安装量已达 78.3 万台，总量为亚洲第一，年增长 21%。2019 年，中国（不含港澳台）工业机器人安装总量位居全球第一（如图 1 所示）。从衡量一个国家制造业水平的指标机器人密度（每万名工人配套使用工业机器人的数量）来看，2019 年全球机器人密度平均为 114 台 / 万人，中国机器人密度为 187 台 / 万人，中国机器人密度连续四年超过世界平均水平，比 2017 年增加了 90 台 / 万人。人工智能技术的应用有效地提升了生产效率，优化了产业结构，成为当代推动经济高质量发展的重要力量。同时，新技术与实体经济的嫁接，迅速改变了工作场所的工作方式，深度影响着就业市场格局。

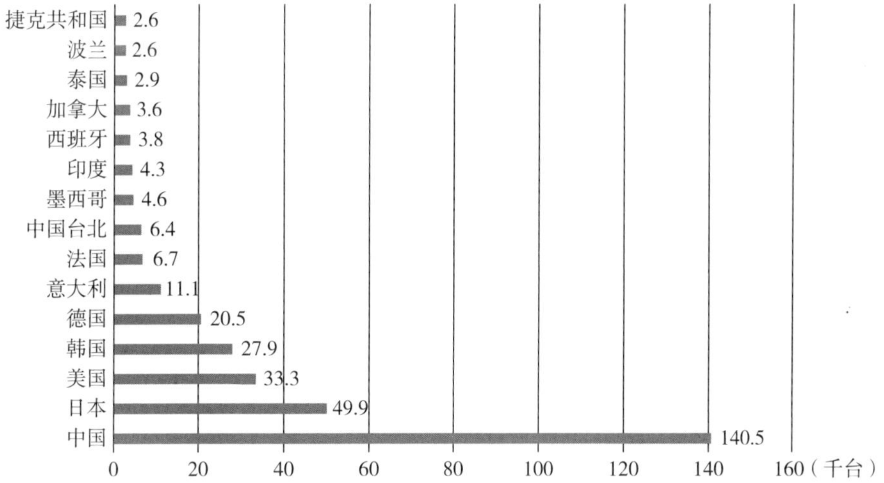

图 1　2019 年全球前 15 大工业机器人市场数据

一、人工智能及其特征

（一）什么是人工智能

近年来随着人工智能技术的兴起，不同学者从各自的研究视角对人工智能做出不同的界定。有的从技术方面给出了定义，如人工智能就是利用计算程序的学习能力实现对于人的智能和行为的模拟，它包括基础设施层（硬件 / 计算能力、大数据）、算法层（机器学习、深度学习）、技术层和应用层（陈明生，2019）；有的从特征方面做了界定，人工智能作为新一代信息技术，除了具有一般 ICT 的渗透性、替代性和协同性特征之外，还具有创造性（蔡跃洲、陈楠，2019）；有的从构成的角度下了定义，人工智能是一个庞大的复杂系统，其构成包括三大支柱，即通用目的机器学习、数据生成和领域知识结构（Taddy，2018）；有的从概念内涵的范围不同进行描述，将广义的人工智能界定为人工智能技术体系，是数据生产、传输和分析决策技术的统称，包括互联网、大数据、算法分析、机器学习以及机器运算能力、智能元器件等专项数据处理分析决策技术的综合应用（史忠植，2018）。将狭义的人工智能概括为算法应用，是基于信息化大数据和计算机软件算法的数据决策技术及其运用。本文中人工智能的含义为内涵丰富的广义含义。

（二）人工智能的特征

人工智能的特征在很大程度上决定了其影响经济运行和劳动力市场的作用机制，所以，我们有必要搞清楚人工智能的特殊性，了解其本质属性。

蔡跃洲等（2015，2019）将人工智能的特性概括为渗透性、替代性、协同性和创造性。渗透性是一般 ICT（Information Communication Technology）的通用性技术特征，是指某项技术所具备的能够与经济社会各行业、各社会活动环节相互融合并带来经济运行方式改变的一种能力。也就是说人工智能具有普适性，能够应用到社会生产的各行业，带来各相关领域产品和服务需求的增加，进而带动社会各细分行业规模的扩张，最终拉动宏观经济的增长，广泛影响到未来社会经济体系的运行。人工智能的替代性除了指一般 ICT 资本对体力劳动力的替代之外，还包括人工智能对脑力或者创造性劳动的替代。协同性是指生产过程中 ICT 技术够提升其他生产要素之间的配合度，提高其他生产要素的生产效率，增加企业的收益和利润。创造性是指人工智能的知识生产效应，即通过提高研发效率，最终提升全要素的生产效率。比如在生物工程、医药、材料科学等领域提高实验的预测效率和识别效率等，大大缩短实验与检验的时间。正因为这一创造性特质，人工智能技术也被称为“发明方法的发明”（Cockburn etc.，2017）。

莫荣（2020）等还强调了人工智能的指数级迭代创新和扩散的特性与大数据驱动性。指数级迭代创新是指人工智能技术创新迭代的速度快，规模大，不占用有形资本和资源，可以快速复制生产，迅速带动整个产业体系的发展，或升级原有的产业体系。这一特征决定了人工智能技术虽然前期研发投入大，但其一旦投入量产，与实体经济融合，可以产生快速的扩散效应，带动相关产业的发展。大数据的驱动性是人工智能与以往技术变革不同的重要特征，此次人工智能技术的发展是以“多层神经网络”和“深度学习”作为重大技术突破点的，该技术的应用使人工智能拥有了从巨大且复杂的信源中提取、识别和构建体系的能力，能够通过对大数据的分析和深度学习，做出准确的判断、预测和决策，从而能够有效地提出问题的解决方案。

总而言之，人工智能技术已经成为引领新一轮科技革命和产业升级的战略性技术，将带来社会经济生活的全局性变革，正在渗透至农林渔、制造、法律、金融、交通、零售、公共服务等各行业。人工智能的特性决定了其对社会经济影响的广度和深度，决定了对宏观经济影响的方式。

二、人工智能技术的发展现状

（一）基本历程与进展

1956 年 8 月约翰·麦卡锡（John McCarthy）、克劳德·香农（Claude Shannon）等科学家，在美国达特茅斯学院开展了“如何用机器模仿人类智能”的研讨，首次提出了“人工智能”的概念，并确定将人工智能作为一个独立的领域进行研究。此次会议引发了国际社会对人工智能的关注，1956 年也由此被称为“人工智能元年”（集智俱乐部，2015）。此后，发达国家开始重视计算机硬件、软件技术、智能的算法和大数据的积累。但由于算法、数学模型、计算能力、软件等方面的遭遇瓶颈，几经波折，两度陷入低潮。2010 年以后，随着移动互联网和云计算的兴起，数据获取能力、计算能力的大幅度提高、以深度学习为代表的算法模型不断优化，人工智能技术迎来了高速成长期。同时不断地渗透到各行各业，推动着相关众多产业的快速发展。2016 年谷歌人工智能系统阿尔法狗（AlphaGo）以 4 ： 1 的绝对优势战胜国际围棋高手李世石后，人工智能技术被社会大众所熟知，受到政府、学界、产业界等社会各界的广泛关注。

当前美国、德国、日本、英国等发达国家均将发展人工智能视为提升国家竞争力的重要举措，纷纷成立了国家层面的专门机构，负责组织人工智能的基础研究和产业布局。我国也不例外，中央高度重视人工智能发展，2015 年后密集发布人工智能领域的相关政策和规划，已将人工智能产业发展上升为国家战略。2017 年，国务院发布《新一代人工智能发展规划》，提出我国人工智能发展的目标是到2030年成为世界主要人工智能创新中心。2017年工业和信息化部（简称工信部）发布的《促进新一代人工智能产业发展三年行动计划（2018—2020年）》和党的十九大报告，均强调了促进人工智能产业发展，推动互联网、大数据、人工智能和实体经济深度融合。一系列官方文件的逐步出台（如表1所示），彰显了国家政府对于人工智能技术的重视。

表1　中国人工智能战略发展规划与政策支持

时间	行政部门	政策文件	主要内容
2015年7月	国务院	《关于积极推进“互联网+”行动的指导意见》	将人工智能作为“互联网+”的十一项布局之一
2016年1月	国务院	《“十三五”国家科技创新规划》	将智能制造和机器人列为“科技创新2030项目”重大工程之一
2016年3月	国务院	《国民经济和社会发展第十三个五年规划纲要（草案）》	提出要“重点突出新兴领域人工智能技术”
2016年5月	国家发展改革委、科技部等部委	《“互联网+”人工智能三年行动实施方案》	提出到2018年，国内要形成千亿元级的人工智能市场应用规模
2016年7月	国务院	《“十三五”国家科技创新规划》	提出重点发展大数据驱动的人工智能技术方法
2017年3月	国务院	2017年政府工作报告	“人工智能”首次被写入政府工作报告
2017年7月	国务院	《新一代人工智能发展规划》	提出了三步走的战略目标，到2030年成为世界主要人工智能创新中心
2017年10月	国务院	十九大报告	推动互联网、大数据、人工智能和实体经济深度融合
2017年12月	工信部	《促进新一代人工智能产业发展三年行动计划(2018—2020年)》	促进人工智能产业发展，提高产业智能化水平，推动人工智能与实体经济深度融合
2018年1月	国家标准化管理委员会	《人工智能标准化白皮书（2018版）》	成立国家人工智能标准化的专门工作组
2018年3月	国务院	2018年政府工作报告	加强新一代人工智能的研发应用，在医疗、养老、教育、文化、体育等领域推进人工智能的产业化
2018年4月	教育部	《高等学校人工智能创新行动计划》	加快建设人工智能科技创新基地，建设高水平的创新团队

续表

时间	行政部门	政策文件	主要内容
2019 年 3 月	国务院	2019 年政府工作报告	深化大数据、人工智能等研发应用，培育新一代信息技术、高端装备、生物医药、新材料等新兴产业集群
2019 年 3 月	中央深改委	《关于促进人工智能和实体经济深度融合的指导意见》	构建数据驱动、人机协同、跨界融合、共创分享的智能经济形态
2019 年 8 月	科技部	《国家新一代人工智能创新发展试验区建设工作指引》	开展人工智能技术应用示范、人工智能政策试验、人工智能社会实验，到 2023 年，布局建设 20 个左右试验区

（二）国际态势

放眼全球，人工智能产业发展主要集中在美国、欧洲、日本和中国四大区域。据普华永道 2017 年测算，到 2030 年，人工智能将贡献 15.7 万亿美元的全球经济，而中美两国将占据其中的 70%。美国在人工智能领域处于领导者地位，无论是人工智能应用还是人才储备，均处于国际领先水平。在人工智能的应用方面，苹果、谷歌、微软、IBM 、Facebook 等巨头通过并购、抢夺人才，强化技术储备，已然进行了涵盖基础层与应用层的生态化、平台化全产业链布局，成为全球的领跑企业。在人才储备方面，据 LinkedIn 对全球人工智能领域人才的统计，在全球约 25 万人工智能人才中，美国约占 1/3，美国拥有十年人工智能从业经验的人员比例接近 70%，中国仅有不到 40%。

虽然我国人工智能技术领域的原创性技术与基础软硬件方面还存在优势不足的问题，但近年来我国人工智能产业在大数据、算法和计算能力三大要素的共同推动下，产业发展逐步走向成熟。大数据方面，互联网时代积累了海量的数据资源，涵盖丰富的行业数据和用户信息，驱动人工智能不断迭代；算法方面，深度学习算法引发新一代人工智能技术浪潮，随着技术的不断迭代，深度学习算法的精确性越来越好，视觉图像领域已成熟应用，不同场景的算法不断优化；计算力方面，芯片、云计算支撑计算力大幅提升，终端人工智能芯片可应用于不同场景（北京人工智能产业发展白皮书，2018）。百度、阿里巴巴、腾讯、科大讯飞等科技企业巨头在无人驾驶、智慧零售、智能家居、人脸识别、语音识别等领域进行了积极的布局，在应用层面的创新处于世界领先水平。据《中国新一代人工智能科技产业发展报告 2020》和《中国新一代人工智能科技产业区域竞争力评价指数（2020）》两个报告显示，截至 2019 年 12 月 31 日，中国共有人工智能企业 797 家，大约占世界人工智能企业总数 5386 家的 14.80%，仅次于排名第一的美国（2169 家）。此外，我国在人工智能顶级研究中占有越来越重要的席位，具有五年以下人工智能经验的人才数量占全球的 40%，超过美国。

三、人工智能技术与工作机会的争论

（一）技术会造成严重的失业威胁

尽管人工智能技术在提升生产效率、促进科技进步和产业升级方面均有卓越的表现，但每每谈及人工智能技术，人们讨论最多的还是它对就业岗位可能产生的冲击。2013 年牛津大学一项研究估计了美国 702 种职业将来被计算机替代的概率，结果显示 47% 的职位属于容易被计算机替代的高风险职位（Frey & Osborne，2013）。这一研究极大地引发了社会各界对于技术进步就业威胁效应的隐忧。另外一项来自麻省理工学院和波士顿大学经济学家的研究，侧重分析了工业机器人对就业岗位的影响，发现工业机器人对就业的破坏效应大于创造效应（Acemoglu & Restrepo，2017）。来自计算机与人工智能领域的专家李开复也认为人们可能低估了机器深度学习的能力和速度，四次技术革命对生产、就业和工资分配的影响是不同的。以蒸汽动力和电气化为代表的两次技术革命带来了长期就业机会和工资水平双增长，以信息通信技术（ICT）为代表的第三次技术革命提高了生产力却不一定增加了就业，以人工智能为代表的技术革命创新迭代的速度快，规模大，不占用有形资本和资源，可以快速复制生产，会对就业产生破坏性的影响。他指出经济学家关注的是机器一对一取代人工的可能性，事实上人工智能对就业的威胁不只是“一对一取代”，而且还会使一个职业彻底消失。像智融集团这样的人工智能驱动的公司，尽管智能化机器设备未取代这些公司的人工，因为这些公司没有雇用任何雇员，但随着这些公司优质低价的服务的应用，会逐步在市场竞争中胜出，而他们的竞争对手会被迫重构工作流程，也采用类似的人工智能技术或者裁员，甚至是倒闭，最终导致人类的工作越来越少。

（二）技术会创造就业岗位

并不是所有学者都支持技术悲观论的观点，持乐观观点的学者，多采用历史发展的视角进行研究。来自欧州 27 国 1999—2010 年的数据显示技术进步使得资本替代了 960 万个工作岗位，同时技术进步新创造的需求增加了约 2100 万个工作岗位，技术进步总的效应是促进了欧洲就业的增长（Gregory et al.，2016）。来自美国 2000—2008 年间制造业的实证研究表明，随着机器人应用的增加，制造业各细分行业的就业量不仅没有下降，反而有所上升（Martech，2013）。美国自第一次工业革命以来的就业市场并未出现大规模的失业，虽然有一些工作在消失，但有更多新的就业岗位出现（Atkinson et al.，2017）。这些基于发达国家的经验表明自动化、智能化技术的创造效应大于其替代效应。国内王君等（2017）许多学者也认可虽然短期中科技进步与就业矛盾，但从总体或长期上讲技术进步的补偿机制会创造更多就业，对就业具有明显的促进作用。

近期国内两项基于实际调研的研究也得出了积极的结论。如吴清军等（2019）基于电商平台企业的实证分析表明，人工智能技术短期内会对就业带来一定的消极影响；但从长远来看，人工智能会带来电商行业整体经济效益的增长，为整个行业带来更多的就业机会。莫荣等（2020）基于广东、江苏、浙江省的调研基础上的分析显示，当前企业人工智能技术的应用不仅没有对就业产生冲击，反而增加了 2% 的雇员总量，74% 的被调查企业在智能化技术使用前后员工人数没有产生影响或变化比例在 5% 以内。对国内最早开展“机器换人”行动的东莞市的调查也发现，企业智能化升级没有造成用工的大幅度波动，相反用工情况比较稳定。但未来 2 年，预计智能化技术的推进会使雇员总量减少 1% ~ 4%。

技术进步对就业市场的影响究竟是积极的还是消极的？这一争论一直以来就是劳动经济领域研究的焦点问题，关于人工智能技术对中国劳动力市场产生了怎样的影响？是否造成了严重的就业威胁？对哪些群体的影响比较突出？这些问题目前学界尚未展开充分的讨论。本文下面的部分将结合当前公布的宏观数据以及微观调查数据对这些问题展开实证分析。

四、人工智能技术对就业市场的影响

（一）人工智能技术的替代效应

1. 宏观分析

由于 2017 年从中央到地方出台了一系列促进人工智能技术落地的政策文件件，故姑且将 2017 年作为中国的“人工智能”元年，我们对人工智能技术的影响主要集中在 2017 年以后进行讨论。2017 年以来，我国加速推进人工智能技术与实体经济深度融合发展，短短 4 年时间中国企业的自动化、智能化水平飞速提升，国人对于机器替代人工的担忧也与日俱增，但从劳动力市场的实际表现来看，就业状况并没有明显的恶化。按照麻省理工学院经济学家达伦·阿斯莫格卢等的测算，每千名工人中多一个机器人，就业比重就会减少 0.18 个 ~ 0.34 个百分点，则中国从 2017 年到 2020 年总体就业量会减少 2527 万 ~ 4773 万人。事实上中国这 4 年中就业总规模仅仅下降 994 万人，其中还未排除劳动力供给总量年均 420 多万的自然下降因素，这个数据至少说明，中国目前机器人对劳动力的替代效应并不明显。从国家统计局公布的调查失业率数据来看，我国城镇调查失业率 2018 年以来一直在 4.9% ~ 5.2% 之间，没有出现明显的增加，就业总体稳定。

通过对人力资源和社会保障部信息中心和中国就业培训技术指导中心在全国 100 多个城市的公共就业服务机构市场供求信息的调查数据分析，2017 年第四季度之后劳动力市场的求人倍率基本保持在 1.2 以上，而且近 4 年以来这一指标总体保持上升态势，市场用工需求总体大于供给（见图 2）。

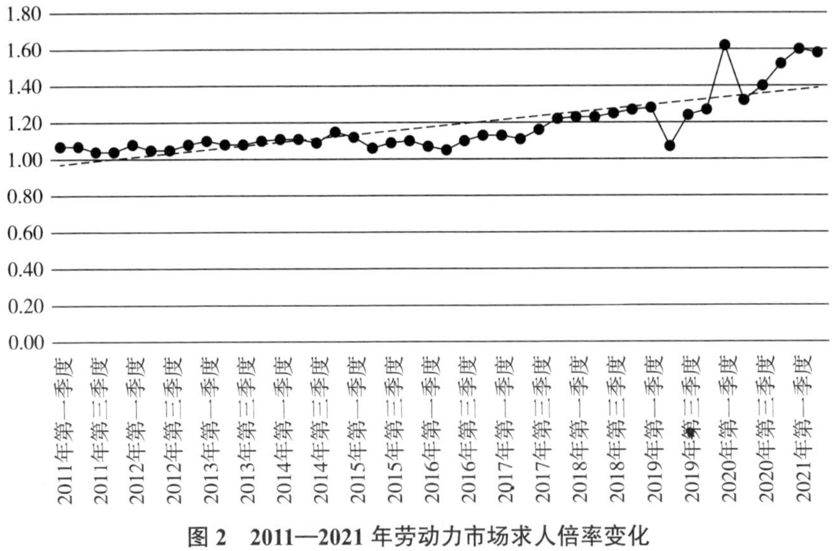

图 2　2011—2021 年劳动力市场求人倍率变化

2. 微观经验

在研究智能化技术的替代效应时，Arntz 等（2016）批评了 Frey 和 Osborne（2013）以职位为单位测量工作被替代的可能性存在一定局限性的同时，提出了基于任务而非职位分析的框架。本部分主要按照任务分析的视角进行了问卷设计和调查分析，试图验证工作任务的差异对工作被替代可能性的影响。问卷分两种类型，一类是面向人工智能技术专家，即企业从事人工智能技术研究与开发的人员（简称问卷 A），另一类是面向除了人工智能专家之外的其他一般从业人员（简称问卷 B）。两类问卷的设计均基于国际成人能力评估计划（PIAAC）数据的主要变量，A 问卷内容主要集中在工作任务方面的指标，B 问卷包括关于社会经济特征、技能、与工作有关的信息、工作任务类的微观指标。A 问卷主要是由人工智能专家对各项工作任务的可替代性进行打分，目的是确定在数字经济时代哪些工作任务是相对安全的，哪些工作任务存在被智能化的技术替代的风险。B 问卷的意图则是对工作任务的可替代性进行回归，与 A 问卷的专家打分情况进行相互印证。本次调查 A 问卷为非随机指定专家发放，共发放 20 份，回收 20 份。B 问卷为随机发放，共发放 712 份，剔除信息不全或存在明显逻辑错误的不合格问卷后共回收有效问卷 694 份，问卷有效回收率为 97%。

（1）主要变量统计描述

A 问卷共设计 23 项工作任务，按照工作任务的可替代性分为低、中、高三个等级，分别赋值 1、2、3，20 位专家打分的平均值见图 3。根据打分规则，每项任务的打分值越高意味着工作的可替代风险越大。从结果来看，最容易被智能化技术所替代的前 5 种工作任务依次为长时间从事重复性体力劳动的工作、解决简单问题的工作、填写表格与表单等任务、阅读生产操作指令、阅读生产规程与生产手册的工作，这些工作的共同点是低认知、高重复。最安全的五种工作任务依次为复杂的数学建模运算、与客户等人员进行谈判、撰写文章与报告等、销售产品或服务、通过交流沟通与决策等方式影响他人的工作，这些工作的相似点是高认知、强社交、低重复。

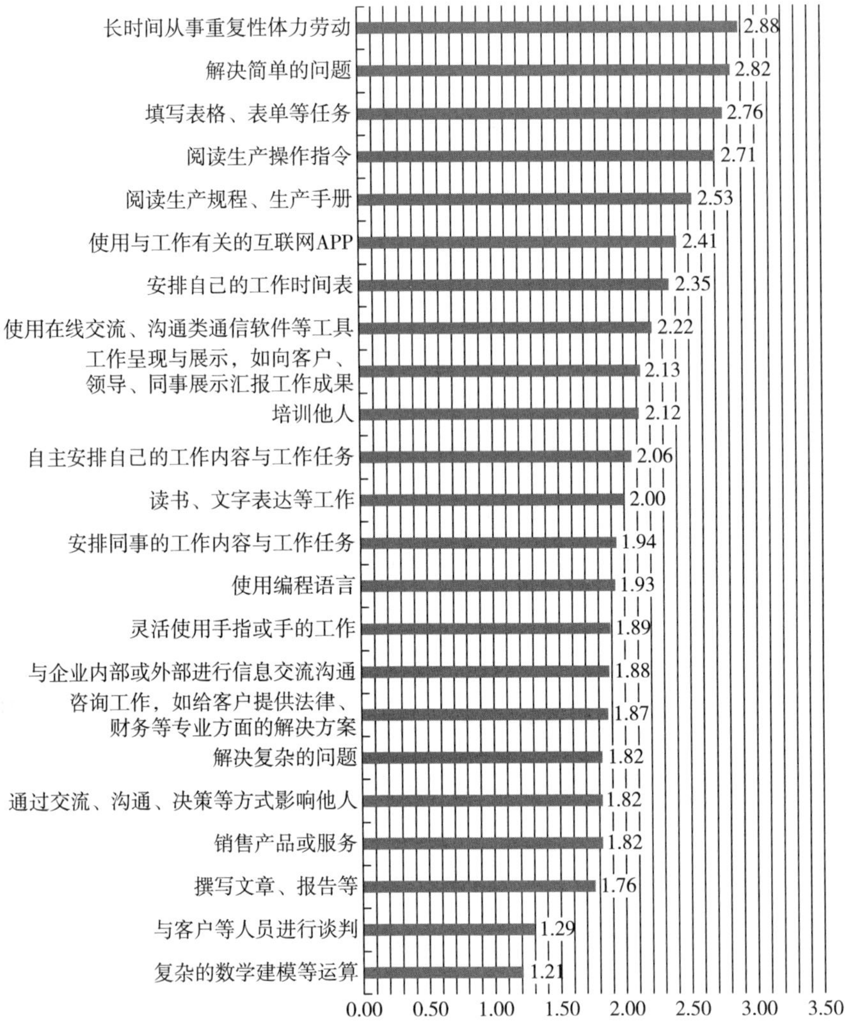

图 3　专家对工作任务可替代性的打分结果

在 B 问卷中同样设置了关于“工作被技术替代的可能性”的问题，共有低、中、高三个选项，这三个选项分别赋值 1、2、3，被调查者回答“低”的占 45.82%，回答“中”的占 43.08%，只有 11.1% 的人回答了“高”，所有被调查者在这个问题上的回答均值为 1.65，远低于 2 这一中等水平，说明绝大比例的劳动者目前认为自己所从事的工作是较为安全的，被智能化技术替代的风险不大。但所有人工智能技术专家对全部工作任务可替代性的打分均值为 2.10，超过了中等可替代性水平，也远超过了劳动者自身对于工作可替代风险的评价，可能的原因在于技术专家对于技术的迭代升级及其扩散性等广泛的影响有更加深刻的认识。问卷中个特征变量、企业特征变量、工作任务等变量的具体统计情况详见表 2。

表 2　主要变量统计

变量	赋值	频数	比例（%）	均值
工作被技术替代的可能性	低 =1	318	45.82	1.65
	中 =2	299	43.08	
	高 =3	77	11.1	
性别	男 =1	388	55.91	1.44
	女 =0	306	44.09	
年龄	18 ~ 25 岁 =1	63	9.08	2.87
	26 ~ 30 岁 =2	162	23.34	
	31 ~ 40 岁 =3	330	47.55	
	41 ~ 50 岁 =4	80	11.53	
	51 岁及以上	59	8.5	
文化程度	初中及以下 =1	52	7.49	3.57
	高中 =2	61	8.79	
	中专或大专 =3	140	20.17	
	本科 =4	331	47.69	
	硕士 =5	97	13.98	
	博士 =6	13	1.87	
行业类型	生产制造 =1	211	30.4	3.77
	零售业 =2	82	11.82	
	医疗服务 =3	51	7.35	
	交通出行 =4	47	6.77	
	教育 =5	57	8.21	
	金融 =6	103	14.84	
	其他 =7	143	20.61	
公司规模	小于 100 人 =1	191	27.52	2.79
	100 ~ 500（含）人 =2	182	26.22	
	501 ~ 1000（含）人 =3	95	13.69	
	1001 ~ 5000（含）人 =4	111	15.99	
	5001 ~ 10000（含）人 =5	34	4.9	
	10000 人以上 =6	81	11.67	

续表

变量	赋值	频数	比例（%）	均值
企业所有制性质	国有企业 =1	255	36.74	3.35
	集体企业 =2	46	6.63	
	股份制公司 =3	123	17.72	
	港澳台商投资 =4	19	2.74	
	外商投资企业 =5	23	3.31	
	私营企业 =6	175	25.22	
	其他 =7	53	7.64	
工作是否涉及对内外部信息沟通	是 =1	539	77.5	0.77
	否 =0	156	22.5	
工作是否涉及培训他人	是 =1	429	61.8	0.62
	否 =0	265	38.2	
是否涉及工作成果的呈现与展示	是 =1	507	73.05	0.73
	否 =0	187	26.95	
工作内容是否涉及销售产品或服务	是 =1	353	50.86	0.59
	否 =0	341	49.14	
是否从事咨询方面的工作	是 =1	268	38.62	0.39
	否 =0	426	61.38	
是否能够自主安排自己的时间表	是 =1	537	77.38	0.77
	否 =0	157	22.62	
是否经常涉及安排同事的工作内容	是 =1	463	66.71	0.67
	否 =0	231	33.29	
工作是否能够通过决策影响他人的行为	是 =1	556	80.12	0.80
	否 =0	138	19.88	
工作任务是否涉及与内外部客户的谈判	是 =1	431	62.1	0.62
	否 =0	263	37.9	
工作是否经常解决复杂的问题	是 =1	485	69.88	0.70
	否 =0	209	30.12	
是否长时间从事重复性体力劳动	是 =1	230	33.14	0.33
	否 =0	464	66.86	
工作是否对手指的灵活性有较高要求	是 =1	312	44.96	0.45
	否 =0	382	55.04	
工作是否需要阅读指令说明等内容	是 =1	409	58.93	0.59
	否 =0	285	41.07	

续表

变量	赋值	频数	比例（%）	均值
工作内容是否涉及读书、文字表达等方面的要求	是 =1 否 =0	495 199	71.33 28.67	0.71
工作是否需要阅读生产规程、生产手册等	是 =1 否 =0	389 305	56.05 43.95	0.56
工作是否需要撰写文章、报告等	是 =1 否 =0	459 235	66.14 33.86	0.66
工作是否涉及填写表格、表单的任务	是 =1 否 =0	534 160	76.95 23.05	0.77
工作是否需要进行复杂的数学建模等运算	是 =1 否 =0	308 386	44.38 55.62	0.44
工作中是否经常会使用与工作有关的 APP	是 =1 否 =0	460 234	66.28 33.72	0.66
工作任务是否需要经常性地编写代码、程序	是 =1 否 =0	198 496	28.53 71.47	0.29
工作中经常使用在线交流类通信软件等工具吗	是 =1 否 =0	515 179	74.21 25.79	0.74

（2）模型设定与回归结果分析

目前关于工作可替代性方面建立起完善的分析框架的实证研究成果并不多见，本报告主要依据 Arntz 等（2016）基于任务分析的思路构建模型，模型设定形式如下：

$$P(y \le j / X_i) = \frac{e^{\alpha_j + \beta^T X_i}}{1 + e^{\alpha_j + \beta^T X_i}}, i = 1, 2, ..., n; j = 1, 2, ... m-1 \quad (1)$$

或

$$\ln \frac{\sum_{k=1}^{j} P(y_i = k / X_i)}{1 - \sum_{k=1}^{j} P(y_i = k / X_i)} = \alpha_j + \beta^T X_i, j = 1, 2, ..., m-1 \quad (2)$$

式中 y 代表工作的可替代性，j 为低替代性、中替代性与高替代性三种可能性，X 为个人控制变量、企业特征变量及各工作任务类解释变量。由于因变量为有序分类变量，故采用多元分类有序 Logistic 模型进行回归。模型中涉及的变量较多，许多企业特征变量、个人特征变量、工作任务对于工作可替代性的影响不明显，考虑到模型不适合太多变量的问题，通过卡方检验的方式剔除了影响不显著的变量。企业规模、企业所有制性质、行业类型类变量均未通过检验，表明这些企业特征因素不是影响劳动者就业安全性的主要因素，劳动者的工作能否被替代与企业大小、企业性质和所处行业没有必然关系。劳动者年龄变量也没有通过检验，表明这次技术进步对劳动者的替代效应没有明显的年龄特征的异质性。培训他人的工作、工作成果呈现与展示、与内外部客户的谈判、对手指的灵活性有较高要求的工作、填写表格、表单等工作任务，可能由于不存明显的智能化技术优势或人工优势，没有通过检验。模型最终回归结果如表 3。

表 3　　　　多元分类有序 Logistic 模型回归结果

变量	系数	标准误	Z 值	P>|z|
性别	–0.283*	0.155	–1.83	0.067
文化程度	–0.311***	0.076	–4.08	0.000
是否涉及对企业内部或外部信息交流沟通	–0.401**	0.204	–1.96	0.050
是否涉及销售产品或服务	0.349**	0.169	2.06	0.040
是否从事咨询方面的工作	–0.136**	0.068	–1.98	0.046
是否能够安排自己的工作时间表	–0.320**	0.150	–2.12	0.030
是否经常解决复杂的问题	–0.399**	0.196	–2.04	0.042
是否长时间从事重复性体力劳动	0.222***	0.0.094	2.35	0.011
是否需要阅读指令说明	0.506***	0.173	2.92	0.004
是否需要撰写文章报告等	–0.253*	0.142	–1.78	0.074
是否需要进行复杂的数学建模等运算	–0.070*	0.037	–1.89	0.063
是否需要经常性地编写代码程序	–0.117*	0.059	–1.96	0.051
经常使用在线交流沟通类通信软件等工具吗	0.317	0.197	1.61	0.101
/cut1	0.830	0.491		
/cut2	3.201	0.509		
Prob > chi2 = 0.0000				
Pseudo R^2 =0.1374				

注：*表示p<0.1，**表示p<0.05，***表示p<0.01。

从个人特征来看，文化程度在 1% 的显著性水平下通过了检验，系数为负，表明文化程度是决定劳动者就业安全性的重要指标，且受教育水平越高越不容易遭受技术替代的威胁，就业越稳定。性别变量在 10% 的显著性水平下通过检验，系数为负，说明相对于女性而言，男性的工作比较安全，受到技术进步的冲击较小，女性更容易被智能化技术所替代。从工作任务类型来看，从事内外部交流沟通类的工作、为客户提供咨询服务类工作、具有较强自主决策性的工作、解决复杂问题类工作、需要较强文字能力与写作能力类工作、需要较强计算机编程及数学建模等复杂运算的工作都至少在 10% 的显著性水平下通过了检验，且系数为负，表明这些工作被自动化、数字化等智能技术替代的可能性较小，在当前人工智能技术应用过程中是比较安全的。销售类工作、单一的阅读指令说明以及长时间从事重复性体力劳动类工作任务均在 5% 的显著性水平下通过检验，系数为正，表明这些工作任务内容极容易为智能化、自动化技术所替代，从事此类劳动的劳动者存在较大的失业风险。

（二）人工智能技术的创造效应

众所周知，科技进步会促进产业结构升级，造成传统产业相关岗位消减或消失，同时会创造出新的职业、新的就业领域、新的岗位，增加就业机会。据调查，目前我国现存人工智能相关企业共 43.9 万家，这些企业多数处于快速成长扩张阶段，用人需求不断增长。从全国来看，北京具有良好的信息基础设施和人才资源条件，人工智能技术的应用走在了全国前列。根据 2018 年的北京人工智能产业发展白皮书，截至 2018 年 5 月 8 日，北京人工智能企业已达 1070 家，占全国人工智能企业数量的 26%，产业布局覆盖了智慧医疗、计算机视觉、智能机器人、自然语言处理、智能家居、智慧城市等领域。本研究选取了 4 家具有一定代表性的企业进行深度访谈调研，发现这些企业在人工智能技术落地的过程中均具有较强的就业创造能力，下面对这些企业的就业创造情况分别进行阐述。

小米科技公司从 2010 年成立至今，员工规模由 20 多人扩大到今天的 30000

多人，2017 年到 2021 年新增社会招聘职位 3555 个，其中仅 2021 年 1 月到 7 月份的社会招聘需求就达到 1285 个。其主要需求职位均为基于大数据、云计算等人工智能技术基础上的算法、测试、设计、应用系统、自然语言处理、计算机视觉、语音、知识图谱、芯片等软硬件类工程师和质量控制、无人驾驶等领域的工程师和管理人员。2021 年仅各类算法类工程师需求职位种类就达 75 个。

美团作为一家依靠平台、大数据、算法作为创新体系的生活服务类互联网电商企业，从 2010 年成立至今，公司人员规模已达 60000 余人，年均增长 5500 人。此外在美团平台注册的外卖骑手共计 1000 多万，日活跃量 100 万。不得不说像美团这样的电商、互联网平台企业在人工智能技术的加持下创造了大量的用工需求。其巨大就业创造能力的作用机制主要在于依托平台积累的大数据资源，算法得以不断迭代优化，效率持续提高，生产组织模式低成本复制所带来的规模效应。

人工智能技术不仅在服务行业创造了大量新的职位，在制造业也有增加用工需求的表现，但制造行业就业岗位增加的幅度远远低于服务行业。如北京京西重工有限公司在 2016 年产线安装了 SCADA 智能化系统之后，公司并没有因为智能化生产效率的提高而进行裁员，相反，技术红利带来的成本下降，使得企业市场进一步扩展，创造了更多的就业岗位，特别是测试、机模、图像识别、算法类工程师数量增加了一倍。

北京天智航医疗科技股份有限公司成立于 2005 年，主要从事创伤、脊柱、关节等骨科手术机器人的研发与生产制造，获得 100 余项专利、20 余项国家级和省部级科研重点项目，是医疗制造行业典型的智能化企业。虽然骨科机器人在各大医院的规模化应用受到医疗事故法律认定、机器人本身与机器人手术定价方面政策推进的诸多限制，公司发展不算太快，但历经 16 年发展，人员规模也已达 200 余人。这些与骨科机器人相关的研发、生产制造、销售、售后服务等工作均源于人工智能技术的开发与应用，属于技术进步新创造的岗位。

从宏观数据来看，据人社部和阿里巴巴 2020 年发布的《新职业在线学习平台发展报告》，我国人工智能人才目前缺口超过500万，国内供求比例为1 ： 10，如果不加强人才培养，到2025年人才缺口将突破1000万。未来5年，物联网行业人才需求缺口总量超过1600万人，云计算工程技术人员、大数据工程技术人员分别将有150万、2000万的人才需求，数字化管理师的市场需求量和从业数量将呈现井喷式增长，其他物联网安装调试员、电子竞技员、电子竞技运营师、农业经理人、建筑信息模型技术员、工业机器人系统操作员和运维员等职业将增加1300万人才需求。

（三）人工智能技术的结构效应

在当前弱人工智能阶段，技术主要应用于相对单一的场景，对就业总体规模的影响不明显，但对就业市场的结构性影响正在逐步显现。人工智能技术正以其特有的方式重新塑造工作场所的生产方式与组织方式。在生产制造行业，柔性生产模式正在替代流水线生产模式，智能化、自动化的生产线正在取代以机械化为代表的生产设备，高效而不知疲倦的工业机器人正在替换程序化、重复性工作的生产线工人。在服务行业，以语音识别、图像识别、自然语言处理、计算机视觉等作为技术依托的服务业机器人正在悄然做起了仓储、物流、分拣、电话营销、会计、翻译等领域劳动者的工作。

人工智能技术是否可以替代人工，主流的观点认为这主要取决于其从事的工作任务的性质。凡是程序化、重复性、数据可以优化、不需要太多沟通、说服、谈判等社交能力、不需要特别灵活的肢体动作的工作都是人工智能技术所擅长的，也是最容易遭到替代的工作；反之，那些强社交、需要非重复性认知、非重复性体力的工作是相对安全的（Autor et al.，2003；Acemoglu and Autor，2011），本报告前述研究也证明了这一点。单一的阅读指令说明书以及长时间重复性体力劳动极容易为技术设备所替代，而沟通、咨询等强社交工作与高认识类解决复杂问题的工作、需要较强数学运算类工作是比较安全的。就目前来看，那些与数字化、智能化技术相关的高认知类、人机交互型职位市场需求强劲，需要较多沟通互动类非重复性体力劳动也有较高的市场需求。高认知类工作如各类工程技术人员、软硬件设计、测试、算法类工程师等，非重复性体力劳动如保洁员、家政工、市场营销员、养老护理员，这两类人员近两年平均季度求人倍率都在 3 ： 1 以上，而那些工作任务程序化、重复性高的会计、银行综合柜员、翻译等传统的白领工作近两年各大城市的求人倍率多数低至 1 ： 3 以下，就业市场的极化问题逐步显现。

在技术的结构性影响方面实务界与决策部门至少要关注两个变化。一是在国家加速无人驾驶、无人配送领域布局并有大量头部企业积极响应的情势下，卡车司机、网约车司机、快递、外卖小哥等当前看似“就业向好”的职业在未来人工智能技术逐步落地的过程中有可能变成最先被替代的群体。当然这些劳动者被替代的速度和规模取决于国家对新技术的政策导向和力度以及相关人工智能领域技术进步的速度。二是就业市场的变化最终会传导至收入分配领域，引发收入分配的变化。在就业市场极化的趋势下，中等技能水平的劳动者需求减少，收入占比降低，这意味着中产阶级减少，财富向少数金字塔尖的精英集中。人工智能技术自然垄断的本性会使许多领域形成赢家通吃的局面，加剧社会分层，若不加以干预容易导致社会撕裂。在这方面，美国是我们的前车之鉴，2017 年，美国最富有的 1% 的人拥有的财富几乎是下层 90% 的人拥有的总财富的两倍。

五、基本判断与政策思考

（一）基本判断

综上可见，在人工智能技术快速推进的过程中，就业替代效应较为温和，就业创造效应明显，总体就业形势向好，并未出现大规模的失业问题，人工智能技术的结构性影响大于规模性影响。即便如此，对人工智能技术对于就业市场的深刻影响，我们仍不能过于乐观，目前人工智能技术还处于应用场景比较单一的弱人工智能阶段，它对就业市场的影响才刚刚开始，未来还存在很多不确定性。随着大数据的进一步积累，算法与算力的逐步优化迭代，弱人工智能必将越来越接近强人工智能，机器深度学习能力的提升必将对就业市场产生更加深远的影响。在强人工智能时代会发生什么没有人能准确地预测，但是在不久的将来，人工智能技术对重点就业领域的影响应引起足够的关注，如智能制造、交通出行与物流配送领域。

近年来，中国在智能制造领域不断深耕，智能化、自动化水平不断升级，富士康、小米、老板电器等企业的“黑灯工厂”相继涌现。小米已经配备了一条从生产管理到机器加工、包装和存储的全过程自动化生产线，二期工厂预计只需要 100 名工程师，即可实现年产值 600 亿 ~ 700 亿元。老板电器生产制造过程中，16 条无人生产线的所有环节，包括上下料机器人以及无人物流小车 AGV，均采用系统计算和智能作业。这些全自动化的智能生产线不仅可以用于本企业产品的生产制造，而且可以复制到其他企业甚至其他产品的生产。科技进步在带来巨大生产力之余，也会对相关领域的就业产生不小的冲击。

在服务业领域“无人驾驶”“无人配送”等技术正在局部的商业化，京东打造的“干线—支线—末端”三级无人机智慧物流体系部分已进入落地阶段，这些无人机商用以后可以与京东物流仓储设施实现无缝对接。阿里研发的“菜鸟物流”机器人即将实现国内 24 小时送达，全球 72 小时送达。百度、美团、小米等互联网企业无一不在“无人驾驶”这一领域发力，这些物流领域人工智能技术的落地将会大幅度节省人力，出行行业与配送行业的灵活就业者将首当其冲受到冲击。在最近国家一系列新业态劳动者权益保障政策的规制下，出于降低劳动成本、规避用工风险的考虑，这些创造大量就业岗位的头部平台型企业必然会倾向于加速“无人驾驶”“无人配送”领域的技术研究与落地，届时由人工智能技术创造的“三新经济”领域的就业机会将会被技术本身的迭代升级所侵蚀，由此所产生的就业威胁不容小觑。此外，此次人工智能技术对就业市场的影响不同于以往技术进步的影响，它不仅会冲击那些从事重复性、低技能工作的群体，而且会对一些从事程序化、数据可以优化的传统白领工作构成威胁，更为严重的是人工智能技术在就业市场的结构性影响会传导至分配领域，加剧收入两极分化，这一点尤其应引起决策层的高度关注。

（二）政策思考

科技是把“双刃剑”，在带来经济繁荣、减轻人类繁重体力劳动、提高就业质量的同时，也可能摧毁人类赖以生存的工作岗位，甚至冲击我们长期奉行的“劳动最光荣”的价值观。科技从根本上说是一种技术进步的工具，需要政府部门加强宏观研判，健全就业市场的配套政策，发挥好社保的兜底保障功能，平衡好就业市场的灵活性与安全性，有节奏地鼓励和规制人工智能技术落地的领域、规模和速度，合理引导“科技向善”，呼吁企业履行社会责任，真正发挥科技造福人类的价值。

未来是数字经济的时代，数据就是生产力，政府也要适应数字化的变革，建设数字政府、智能化的政府。人社部门需加强与数字化企业的合作，建立和完善劳动力市场供求状况动态数据库，加强失业动态监测，为中央高层科学决策提供有力的支撑，同时建立健全旨在提高劳动者终身就业能力的职业技能培训体系。各级教育部门应适应数字经济对劳动者能力的要求，改变过去重知识传授轻能力培养的人才培养模式，强化对人才创新能力、协同能力、学习能力、认知能力、思辨能力等的培养。

长远来看，数字时代工会同样也要紧跟时代节拍，建设智慧工会、数字工会，利用工会的组织优势，应用数字化技术，建立工会智能化信息平台，随时掌握会员就业岗位数量、就业结构变化、工资水平变化等就业底数，学会对就业市场信息的分析，掌握集体协商与谈判的主动权，为会员争取更多合理合法的权益，为劳资和谐、社会和谐与劳动力市场的平衡做出新的贡献。同时，工会也要利用智能化信息平台及时了解会员对职业发展技术的需求，有针对性地提供职业技术培训项目，切实有效地提高会员的终身就业能力，为全社会高质量就业发挥工会的作用。当前，企业工会应面向那些从事重复化、程序化、低认知、低社交类工作任务的劳动者加强人机协同能力、社交能力、认知能力等方面的培训，预防可能出现的失业问题。地方工会应加强三方机制及社会对话领域作用的发挥，积极主动推动三新经济等领域易受技术冲击群体的社会保障立法进程，构筑起底线性社会保障网。

参考文献

1. Acemoglu, D. and Restrepo P..2019. Automation and New Tasks: How Technology Displaces and Reinstates Labor, The Journal of Economic Perspectives, Vol. 33, No.2, pp. 3-30.

2. Acemoglu, D. and Restrepo P..2017. Robots and Jobs: Evidence from US Labor Market, NBER Working Paper, No.23285.

3. Acemoglu, D. and D. H. Autor .2011. Skills, Tasks and Technologies: Implications for Employment and Earnings, Handbook of Labor Economics, Vol. 4, pp.1043-1171.

4. Arntz et al..2016. The Risk of Automation for Jobs in OECD Countries: A Comparative Analysis, OECD Social, Employment and Migration Working Papers No. 189.

5. Atkinsdndr, Eiells.2017. Ten Principles to Guide the Trump Administration's Manufacturing strategy. Information Technology&Innovation Foundation, Vol.(1), pp.1-24.

6. Autor, D. H..2013. The Task Approach to Labor markets: an Overview, Journal for Labour Market Research, 46(3), pp. 185-199.

7. Autor, D. H., F. Levy and R. J. Murnane. 2003. The Skill Content of Recent Technological Change: An Empirical Exploration, The Quarterly Journal of Economics, pp. 1279-1333.

8. Frey, C.B. and M.A. Osborne .2013. The Future of Employment: How Susceptible Are Jobs to Computerization? University of Oxford.

9. Goos, M., A. Manning and A. Salomons .2014. Explaining Job Polarization: Routine-Biased Technological Change and Offshoring.The American Economic Review, 104(8), pp.

2509-2526.

10. Gregory, Terry, Anna Salomons, and Ulrich Zierahn.2016. Racing with or against the machine? Evidence from Europe. R&R at American Economic Review.

11. Michaels G., Natraj A. and Reenen J.V..2013. Has ICT Polarized Skill Demand ? Evidence from Eleven Countries over Twenty-Five Years.Review of Economics and Statistics, 96 (1) , pp.60-77.

12. Taddy M..2018.The Technological Elements of Artificial Intelligence. NBER Working Paper 24301.

13. 陈明生 . 人工智能发展、劳动分类与结构性失业研究 [J]. 经济学家，2019 (10) .

14. 曹静，周亚林 . 人工智能对经济的影响研究进展 [J]. 经济学动态，2018 (1) .

15. 蔡跃洲，陈楠 . 新技术革命下人工智能与高质量增长、高质量就业 [J]. 数量经济技术经济研究，2019 (5) .

16. 集智俱乐部 . 科学的极致：漫谈人工智能 [M]，北京：人民邮电出版社，2015.

17. 莫荣等 . 中国就业发展报告 [M]. 北京：社会科学文献出版社，2020.

18. 史忠植 . 人工智能 [M]. 北京：机械工业出版社，2018.

19. 王君，杨威 . 人工智能等技术对就业影响的历史分析和前沿进展 [J]. 经济研究参考，2017 (27) .

20. 吴清军等 . 人工智能是否会带来大规模失业？——基于电商平台人工智能技术、经济效益与就业的测算 [J]. 山东社会科学，2019 (3) .